JN094236

地理オリンピックへの招待

への招待

第2版

—公式ガイドブック・問題集—

国際地理オリンピック日本委員会実行委員会　編

古今書院

目　次

第1章　地理オリンピックへの招待　……………………… 1

第2章　過去問にチャレンジ　…………………………… 7

　第一次試験 - マルチメディア試験（MMT）　…………… 8

　第二次試験 - 記述式試験（WRT）　………………………… 62

　第三次試験 - フィールドワークエクセサイズ（FWE）　… 103

第3章　国際大会 - 英語でチャレンジ　……………… 121

第4章　世界への道「受験ガイド」　………………… 151

参考資料　ガイドライン・開催記録　………………………… 159

第 1 章

地理オリンピックへの招待

1. 国際地理オリンピックとは

　国際地理オリンピックは，地理的知識に基づいた思考やスキルなどを試験で競う，世界の高校生が集う祭典です。1996 年にオランダのハーグで第 1 回が開催されました。第 1 回の参加国は，ヨーロッパのわずか 5 カ国でした。国際地理学連合（IGU）の大会と同じ場所で開催することが原則なので，2012 年の第 9 回のドイツのケルンで開催された国際地理オリンピックまでは，IGU の大会に合わせ 2 年に 1 回の開催でした。しかし，参加国も増え，毎年開催とすることのほうが，各国が運営しやすいので，それ以降は毎年開催されるようになりました。日本でも 2013 年に，第 10 回大会が京都で開催され，この時の参加国は 32 の国・地域でした。2022 年の第 18 回フランス・パリ大会（オンライン）では，54 の国・地域が参加するまでになりました。

　国際地理オリンピックに参加する目的としては，①世界水準の地理教育の普及，②高校生の地理への関心の向上，③地理を通しての国際交流，④日本の地理教育の向上，そして⑤グローバルな課題への解決にむけた能力の育成が挙げられます。各国の予選を勝ち抜いてきた 4 人の高校生が，その国の代表選手として選抜されます。問題は英語で出題され，英語での解答となりますが，専門用語を英語である程度わかっていれば，日本の高校生の英語レベルで解答ができます。また，2 人の中・高校の先生，もしくは大学の先生が引率してくれるので，生活面やテストの対応などの相談にのってくれます。また，どの国の選手たちも英語を話せるので，国際地理オリンピックに参加すると，世界の高校生と友人になるチャンスを得ることができます。

　国際地理オリンピックの開催時期は，日本の夏休みの 7 月の終わりから 8 月の中旬にかけて，1 週間ほどの日程で開催されます。試験は，マルチメディア，記述，そしてフィールドワークの 3 つから成っています。マルチメディア試験は，タブレットなどの画面に映し出される図，動画，表，グラフから出題される選択式の試験です。記述試験は，図や表などから読み取る地理的な事象に関して出題され，事象に関する説明，要因などを記述で解答する試験です。フィールドワーク試験は，野外に出て地理的な事象を観察し，調べたりしたことから出題されます。調べることそれ自体が出題されることもありますが，いずれにせよ，そうした問題を既存の知識や実地で観察したり，調べたりしたことをフル活用して解答します。この試験では，実際に観察，調査したことに基づいて，その地域の将来像に関して問うこともあります。地理は現状の理解とともに未来を志向する科目でもあります。

　国際大会に出場するためには，国内予選を通過しなければなりません。予選は，第一次試験，第二次試験，そして最終の第三次試験があります。これら一連の試験は，科学地理オリンピック日本選手権と国際大会選抜を兼ねたもので，第一次試験はマルチメディア試験で，解答は選択式，出題の 20% は英語での出題となります。2019 年までは全国で設置される会場，2020 年からはオンラインで受験できるようになりました。第二次試験は，第一次試験の成績上位者 100 名程度が受験できます。試験の形式は記述式となり，受験者の居住を考慮して全国でおおよそ 10 の試験会場が設置されます。ここでも 20% の問題が英語で出題され，解答を求められます。第一次試験と第二次試験の合計点の上位 10%

程度が金メダル，続く 20%が銀メダル，そしてさらに続く 30%程度の選手が銅メダルとなります。さらに，金メダリストを対象に第三次試験であるフィールドワーク試験が実施されます。フィールドワーク試験は，1 つの会場に集まってもらい，そこでの実施となります。その結果で，4 名の国際大会の派遣者が選抜されます。第一次試験は 12 月中旬，第二次試験は 2 月中旬の土曜日もしくは日曜日，第三次試験は 3 月中旬の連続した土曜日と日曜日に実施されます。

　日本の国際地理オリンピックの参加は，組織的には 2007 年からでした。国内での予選では，2007 年の受験者はわずか 12 名でしたが，2012 年には 500 名をこえ，2014 年には 1,000 名をこえました。地理オリンピックは，理系からでも文系からでもアプローチできる科学オリンピックです。国際大会では，日本での地理よりも自然地理に関する問題が多くなりますが，文理融合型の科学として，今後，ますます求められる能力を育成することができます。

　日本では，学校で習う「地理」を暗記する学習と思っている人もいるかもしれません。地理は決して暗記することが目的の学習ではなく，見方・考え方を大切にする学習です。世界的に学校での地理は「このような能力が必要」だから「この内容」を学習しますという考え方に変わってきています。地理オリンピックの問題も，基礎となる知識は必要ですが，知識そのものを問うのではなく，既存の知識を活用してどのように考えられるのかといった，能力をみるような問題が多く，世界的な傾向を反映したものとなっています。

　一方，日本でも知識だけでなく，見方・考え方といった思考力や知識と思考に基づく判断力を重視するようになってきました。日本の学校教育は，学習指導要領に基づいていますが，2017 および 2018 年に公示された学習指導要領（小学校は 2020 年から，中学校は 2021 年から，高等学校は 2022 年からそれぞれ実施）では，見方・考え方が，学習内容と関連しながら一層重視され，世界的な傾向を反映するものとなっています。地理では，思考力（能力）とかかわる地理的な見方・考え方が重視され，この見方・考え方を働かせて地理的な事象を追究しようという学習が求められるようなりました。地理的な見方・考え方は，位置・分布（パターン），場所の特性（地方的特殊性），地人相関（自然環境と人間の生活とのかかわり），空間的相互依存作用（交通・貿易など），地域（空間的に意味のある範囲，その変容など）といった観点から成っています。つまり地理では，自然事象や社会事象を地理的な見方・考え方からとらえ，望ましい社会や持続的な社会，地球を形成していける人を育てようとしています。国際地理オリンピックでも同じように地理的な思考を養い，持続可能な社会や地球を世界レベルで考え，協力して実行できる人間の育成を目指しています。国際地理オリンピックは，高等学校の「地理総合」「地理探究」とも関連しあっているのです。

　本書では，皆さんに日本はもとより世界にはばたき，これからの世界（地球）を考え，世界の仲間と協力して，持続できる世界（地球）を築きあげていってほしいという願いをこめて編集しました。ぜひ本書を読んで，地理の楽しさを知ってもらい，地理オリンピックに参加して，将来の自分の糧にしていただきたいと思います。

2. メダリストからのメッセージ

中森 遼さん（東京大学・在学中）
2021 年国際地理オリンピック・イスタンブール大会・金メダル

　　地理オリンピックへの参加は世界の見方をより豊かにしてくれます。地理学は自然地理，環境問題，観光，都市問題など様々な分野に関わるため，定石などといった勉強法はありません。地理の教科書や資料集，地図帳を読むこと，また大学入試の過去問を解くこと，そして地理に関する本を読むことなどは基本的な勉強法ですが，机上だけで行うものではありません。日常生活の中に様々な地理の問いがあることを意識すると良いかもしれません。これらの勉強は，地理オリンピックで好成績をとることを唯一の目的としてするのではありません。自らの視野を広げるため，思考力を養うため，純粋に地理を楽しむためなど，様々な目的を持って行う事をお勧めします。

　　地理オリンピックの特色は，ある現象の背景となる自然的作用や人間的作用を考え，それに関連した課題，そしてそれの解決策について考えることであると私は感じており，この多面的に思考する能力は地理学以外の研究や人生などでも大変役に立つと思います。

齋藤亘佑さん（外資系投資銀行勤務）
2015 年国際地理オリンピック・トヴェリ大会・銀メダル

地理オリンピックに関心を持っていただき，ありがとうございます。大会の意義などは，本書にて先生方が十分に言及してくださっていると思います。また，身近な地理の先生にもぜひ相談してみてください。私から付け加えてお伝えしたいことは1つしかありません。それは「地理をできる限り楽しむ」ということです。大会で結果を出すためには，自然・人文を問わず，幅広い内容について満遍なく押さえるべきです。それが最も楽に達成されるのは，地理を楽しむことによってだと思っています。楽しみを見出す方法には色々あると思います。旅行（フィールドワーク）へ出かけることは最大の方法の1つです。それ以外にも，例えば鉄道や飛行機といった切り口もあるでしょう。他にも，都市計画でも，半導体ニュースでも，岩石でも，鳥でも，スギの花粉でも，他の事物との関連の観点で視野を広げていけば，容易に地理という広大な空間を覗く窓になるはずです。

　　さらに，こうした楽しみ方は，地理オリンピックや受験地理という枠を超えて続きます。少なくとも私の場合，そうした楽しみ方こそが，中高時代から今に至るまで，いつも私を新たな友人や領域に引き合わせてくれました。私は地理学とは直接関係しない専攻や職業を選択していますが，一生地理の楽しみ方を手放すまいと決めています。皆さんの大会での健闘を祈っております。

「地理オリンピック」って男子選手だらけ？　そんなことはありません。世界では女子選手も活躍しています。世界大会出場のOG2人と引率教員の2人が，国際地理オリンピック大会について語り合いました。

飯田菜未さん（茨城県立土浦第一高等学校出身，東京大学在学中）2019年香港大会
　　　　　　　出場
平賀美沙さん（桜蔭高等学校出身，東京大学・同大学院卒，大手建設会社で土木技術
　　　　　　　職として活躍中）2013年京都大会出場
井上明日香先生（神奈川県立川崎高等学校教諭）2019年香港大会ほか引率教員
林　靖子先生　（獨協埼玉中学高等学校教諭）2018年ケベック大会引率教員

（所属は2021年7月現在）

林：はじめに，飯田さんと平賀さんが，受験したきっかけを教えてくれますか？

飯田：もともと地理がすごく好きというわけではなかったのですが，高校の時の担任の先生が地理の先生で，その先生に薦められました。

平賀：高校の地理の授業が面白くて，それで自分でいろいろ勉強をしているうちに，この大会のことを知り受験しました。

林：どのような対策をして国内・世界大会に臨みましたか？

飯田：地理の問題集や日々の授業を大事にしていました。世界大会に向けては，強化研修会で多くを学びました。

平賀：私は理系ですが，地理の大学入試問題を解くほかに，図書室で地形図や都市地理学の本など，フィールドワークに活かせそうなものを借りて読んでいました。世界大会に向けては，英語の単語を自分でまとめたり，強化研修会でいただいた本を読んだりしていました。

林：世界大会では，他国の女子選手とどのような交流がありましたか？

飯田：大会中，香港とルーマニアの選手と相部屋で，お土産の交換をしました。

平賀：私は台湾の選手と同室でした。お互いメダルを獲得して，抱き合って喜んだ思い出があります。シンガポールの選手とは，大会後，私がシンガポールに行った時に案内をしてくれて，彼女が日本に来た時は，私が案内をしました。

井上：今の生活で，地理オリンピックの経験が役立っていると思うことはありますか？

飯田：世界大会に行って，地理により興味を持ちましたし，自分の英語力をもっと磨かなきゃと思ったので，今，大学の授業で地理や英語に関するものを履修しています。江戸時代の名所を文献から調べてまとめる授業では，ここはこういう地形だからこういう建物なのかなとか，地理学的な視点で考えることができています。

平賀：大学では土木学科に入り，授業の中で地形図をみて歴史を考えるといったことが求められましたが，地理オリンピックのおかげで，私はそれが得意な方で良かったです。また，旅行に行っても，この道は昔からあるのかななど，今見えているものの背景を考えながら歩くことができて，その基礎は地理オリンピックを通して学んだことにあると思います。

井上：やったことが活きているのは，私たちスタッフも嬉しいです。

林：最後に，これから地理オリンピックを受験しようとしている女子中高生へメッセージをお願いします。

飯田：地理に限らず科学オリンピックは，男子が多いイメージかもしれませんが，気負わずに受けてほしいなって思います。世界大会に行くと，4人全員女子という国もあるので，皆さんにチャレンジしてもらいたいです。女子ならではの視点というのも，大事だと思います。

平賀：気軽に楽しく受けて良いと思います。代表にならなくても，試験を通して身につけたことをいかして，地理をいかした仕事に携わる人が増えると良いなと思います。

井上：国内選考は，女子がまだまだ少ないので，少しでも多く女子生徒にも受けてほしいですね。

第2章

過去問にチャレンジ

【第一次試験 - マルチメディア試験（MMT）】

Q. マルチメディア試験とはどんな試験ですか？

A. 地図，写真，画像，グラフ，表，模式図，動画などの資料を見て解答する問題で，4択で出題されます。地理学習の大きな特徴は，写真や地図，図表など「非連続型テキスト」の読解を重視することです。文献史料すなわち「連続型テキスト」を重視する歴史学習との違いともいえるでしょう。これが最もよく表れるのがマルチメディア試験です。新型コロナウイルス感染症の影響で試験方法は大きく変わりました。以前は，スクリーンに投影された画像を見て解答していましたが，現在はCBT（Computer Based Testing）を採用しています。コンピュータのディスプレイに問題が表示され，マウスやキーボードを使って選択肢を選んで解答する方法です。全国一斉に行われますが，試験会場は設けていません。インターネットにつながったPCやタブレットがあれば，どこでも受験が可能です。各問の解答時間はそれぞれ1分で（動画問題など一部例外があります），50の問題が出題されます。試験は1問目から順に提示されます。時間が来れば自動的に次の問題に移行し，元に戻って解答することはできません。解答に際し，不正防止の観点からPC等のカメラはONにしてください。解答の様子を遠隔で監督します。

CBTの画面

Q. 出題範囲は広いですか？

A. 国際地理オリンピックのテストガイドライン（p.160）に沿って出題されます。教科として地学がない国・地域ではその多くの部分を地理でカバーしていますので，日本で地学に含まれる問題も出題される可能性があります。国内の一般的な地理の試験と比較して，自然地理がやや多くなるようです。

Q. 知識が多く必要ですか？

A. 知識量よりも示される「非連続型テキスト」の情報から，自然環境，人々の生活や文化，産業，地域の特徴などについて考察する力が問われます。基本的な知識はもちろん必要ですが，それ以上に地図や写真，グラフ等の読解力や分析力が重視されます。

国際地理オリンピックのガイドラインにも地図スキル，探究スキル，グラフィカシースキル（画像や図表等の読解，分析）を必要とすると明示されています。教科書等で扱っていない写真や図表も出題されますが，きちんと読み取り，基本的な知識と組み合わせれば，十分解答できます。「きちんと読み取り，基本的な知識と組み合わせる」というのは，地図や写真，図表で示された情報を，地理で学習する内容と結び付けたり，地理的な技能や，見方・考え方によって解釈したりするということです。

Q. 英語の問題は出ますか？

A. 全体の 2 割，すなわち 10 問は英語で出題されます。問題の性質上長文は出ませんので，英語が苦手な人でも恐れなくて良いと思います。辞書の利用は可能ですが，地理用語や基本的な地名や農畜作物名や鉱物名など英語で覚えておくと良いでしょう。

Q. どのくらいの点数を取れば二次試験に進めますか？

A. 点数ではなく 100 名程度としていますので，年によって若干異なりますが，おおむね 70％が目安です。

問題や資料のカラー版は，国際地理オリンピック日本委員会の
ウェブサイト（https://japan-igeo.com/）に掲載されています。

【写真・画像の読み取りに関する問題】(出典が明示されていない写真は実行委員提供のものである)

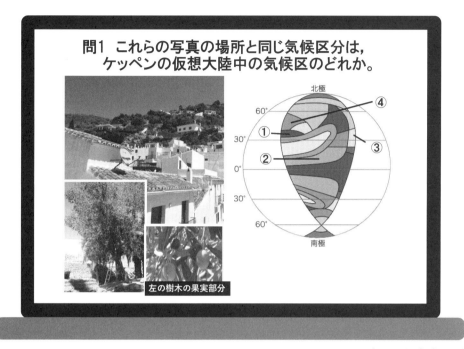

問1　これらの写真の場所と同じ気候区分は,
　　　ケッペンの仮想大陸中の気候区のどれか。

左の樹木の果実部分

（2020 年実施問題）

問2　次の写真はある世界遺産で撮影されたもの
　　　である。撮影された場所はどこか。

① 42° 53′ N　　　8° 32′ E
② 43° 20′ N　　17° 48′ E
③ 43° 18′ N　　68° 16′ E
④ 40° 28′ N　140° 07′ E

（2016年9月撮影）

（2017 年実施問題）

【気候と気候変動】

問1　解答　①

　写真から地域の植生や生活文化の特徴を読み取り，その気候区が仮想大陸のどの気候区分に該当するかを考察する思考力を問う問題。写真から読み取れることは，白壁の家屋，硬葉樹，オリーブの実である。白壁の家屋は，夏の太陽光を反射するように白く塗られたもので，窓が小さいのは強い日差しを避ける工夫と考えられる。硬葉樹は，肉厚で水分を多く含む硬い葉をもち，夏の乾燥に耐えられる。硬葉樹の作物として代表的なオリーブの果実部分の写真が拡大されている。こうしたことから，夏に乾燥する地中海性気候の地域と判断できる。

　地中海性気候の地域は，中緯度の大陸西岸に分布する。仮想大陸上の気候区分では，①に該当する。仮想大陸とは，現実の緯度ごとの大陸面積割合を気球型で示し，気候帯の南北・東西分布を仮想的に表したものである。気候帯がほぼ緯度帯に沿っていること，また大陸の東岸と西岸での気候区の違いなどが模式的に表されている。なお，②はサバナ気候，③は温暖湿潤気候，④は西岸海洋性気候である。

【文化地理と地域アイデンティティ】

問2　解答　③

　写真から景観の特徴を読み取り，その場所の位置を問う問題。写真はトルケスタン（カザフスタンの都市）の世界遺産ホージャ・アフマド・ヤサヴィー廟で撮影されたものであるが，知識としてそのことを知っているかどうかを問うているのではない。与えられた情報を的確に解釈すれば，正解に到達するということを理解してもらいたい。

　写真からイスラームの分布地域であることはドーム屋根のモスクがあることから特定できる。また，乾燥した地域であるということも読み取ることができる（廟の周りは公園化されており，緑も多い。そのため，乾燥地域かどうか判別がつかない。そのため，左下の公園地域から外を見渡した写真を掲載している）。

　上記の読み取りができれば，この問題を解くにあたってのポイントは，頭の中に世界地図が描けており，おおよその位置関係が緯度・経度を指標としてわかっているかどうかにある。ただし，この問題の選択肢では，経度の違いが解答の鍵となる。グリニッジ標準時（ロンドン）が0度，インド西部で東経75度，日本の標準時（明石）が東経135度程度の知識があれば十分類推できる。イスラーム圏は，極東アジアとヨーロッパの中間付近に位置することから正答は明らかであろう。なお，①はヨーロッパ地中海，コルシカ島付近，②はクロアチア，アドリア海沿岸地域，④は白神山地である。

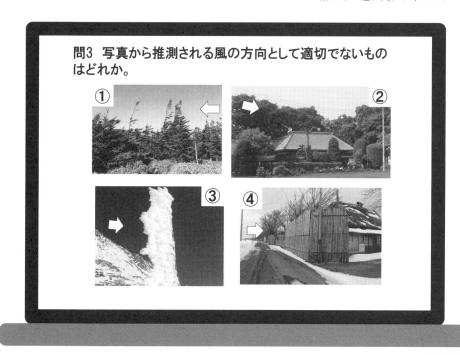

（2023 年実施問題）

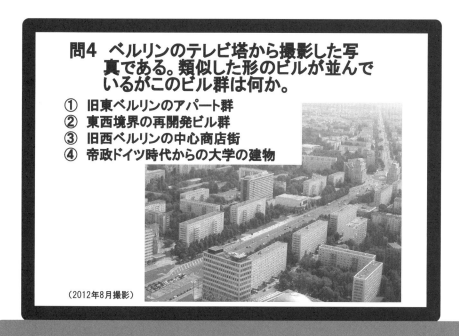

（2013 年実施問題）

【気候と気候変動】

問3　解答　①

　景観写真から自然現象を読み解く問題。地理学に限らず，多くの学問は観察から出発する。写真などの画像から要因等を探ることは科学的考察の基礎でもある。

　①は偏形樹（へんけいじゅ）から考える。この画像では左からの風となるので，明らかに誤り。

　②は屋敷林から考える。この画像では奥のほうから吹いてくると考えられ，正しい。

　③は「海老の尻尾」といわれる現象。左方向からの強風で雪や水滴が木や岩などに付着し，積み重なって作られ，正しい。

　④は津軽（つがる）で撮影された「かっちょ」といわれる雪囲いで，正しい。

　①と③は風という自然現象に対応した「自然景観」，②と④は自然現象に人間が対応してできた「文化景観」といえる。前者の例としては，風上風下斜面の景観の違いなども取り上げられるかもしれない。後者はほかに耕区防風林や鉄道防風林などがある。④の「かっちょ」は本来吹雪から屋敷を守るためにつくられるものである。近年は幹線道路にも吹雪対策として，「防雪柵」が作られている（右写真）。これは防風だけでなく，風の力で道路の雪を飛ばすなどの機能も備わっている。

2023年1月3日撮影（国道339号線）

【都市地理，都市再開発と都市計画】

問4　解答　①

　景観写真を読み取り，今までに学習してきた知識からどのように景観が形成されてきたか考察する力を問う問題。ここでは，ベルリンで撮影されたという点に着目をする。現在，ドイツ連邦の首都であるが，東西冷戦期には東西に分断されていた。異なる政治体制のもとで第2次世界大戦後の復興が行われたため，景観的に異なる特徴が生まれてきた。建物の年代（新旧）と形態，配置に着目する。幾何学的な形態で装飾がないこと，規則的な配置がみられることから考える。

　①の東ベルリンは，社会主義国家であった旧東ドイツの首都であった。日本の「住宅団地」と類似した景観がみられる。これが正解。

　②は東西境界の再開発ビル群とあるが，再開発地区には新しい高層建築物が建設される例が多い。東京の新宿やロンドン・ドックランズの景観を思い出したい。

　③一般に中心商店街は，ビルの密度は高くなる。東京・銀座の景観を想起すれば良い。

　④帝政ドイツ時代からの建造物であれば，歴史性を感じる建造物になる。

　なお，政治体制の違いは農村景観にも表れている。例えば，バイエルン州（旧西ドイツ）とチューリンゲン州（旧東ドイツ）の境界を衛星画像で見る。旧東ドイツでは農業の集団化が進んだため，農地区画は大きく，一方西ドイツは個人経営が維持されているので農地区画は小さい。

問5　伊豆半島南端石廊崎付近の写真について述べた
　　正しい文はどれか。
　　①点線は尾根を示し，赤線は右横ずれ断層である。
　　②点線は尾根を示し，赤線は左横ずれ断層である。
　　③点線は谷を示し，赤線は右横ずれ断層である。
　　④点線は谷を示し，赤線は左横ずれ断層である。

伊豆半島ジオパークHP（http://izugeopark.org/theme/subtheme4/）

（2018 年実施問題）

問6　A、Bはある地点での露天掘り鉱山とその標
　　高である。鉱物と経度の正しい組み合わせを選べ。
　　　A（標高2900m）　　　　　B（標高600m）

　①　A: 鉄鉱（69° W）　　B: 銅鉱（120° E）
　②　A: 銅鉱（69° W）　　B: 鉄鉱（120° E）
　③　A: 鉄鉱（120° E）　　B: 銅鉱（ 69° W）
　④　A: 銅鉱（120° E）　　B: 鉄鉱（ 69° W）

（google earth より）

（2021 年実施問題）

【地形，景観と土地利用】

問5　解答　①

断層活動の写真をもとに,断層運動の基礎知識と写真を読み取る地理的な見方を問う問題。

石廊崎は,伊豆半島の南端に位置する岬である。岬の周辺は,海底火山から噴出したマグマが水冷破砕された火山岩が波で削られた,荒々しい地形となっている。断層運動による地殻変動も大きく,複雑な海岸線となっている。

海に向かって突き出す尾根をたどってみると,一様にずれていることがわかる。そのずれが断層の位置を表す。写真の手前側,奥側のどちら側から見ても,相手側の地盤が右に動いているように見えるので,右横ずれ断層である。問40の解説の図も参考にしてほしい。断層は,地殻で起こる断層活動によって現れるものである。断層のうち,特に数十万年前以降に繰り返し活動し,将来も活動すると考えられる断層のことを活断層と呼ぶ。現在,日本では2,000以上の活断層が見つかっているが,地下に隠れていて地表に現れていない活断層もたくさんある。国土地理院の地図閲覧ウェブサイトである「地理院地図 (https://maps.gsi.go.jp/)」では,限られた地域ではあるが,断層の位置を確認できる。

【資源と資源管理】

問6　解答　②

経度から地球上の位置を大まかに特定し,そこでの鉱産資源と地形の理解を問う問題。

Bの画像は,赤色かかっていることから鉄鉱山と類推する(地理オリンピックのウェブサイトに掲載されているカラー画像で確認してください)。また,地形との関係では鉄山は安定大陸に,銅鉱山は変動帯に多い。

経度からおおよその位置を特定すると,69°W は北アメリカ大陸東岸から南アメリカ大陸西岸,120°E は中国東部からオーストラリア西部となる。69°W 付近の北アメリカ大陸東岸にはラブラドル鉄鉱床やメサビ鉄山があるものの,いずれも標高は低い。69°W 付近の南アメリカ大陸西岸にはアンデス山脈内にチリのチュキカマタ銅山など銅山が多数分布する。Aの標高が2,900 m ということから,これは西経69度に位置するアンデス山脈の銅山とする。

120°E 付近のオーストラリア西部には,マウントホエールバックなどの大規模な鉄鉱山が多数分布する。Bの標高が600 m ということから,これは東経120度に位置するオーストラリア北西部の鉄鉱山とする。

チリの銅の産出量は世界の約3割を占め,埋蔵量,産出量とも世界最多である。日本にとっても銅鉱の半数近くをチリに頼っている。また,オーストラリアの鉄鉱石の産出量は世界の4割近くを占め,輸出量も世界最多である。日本,中国,韓国などアジアの需要国にとっても,最大の鉄鉱石輸入相手国となっている。

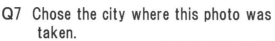

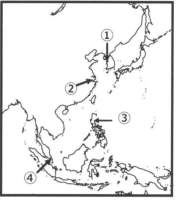

（2017年実施問題）

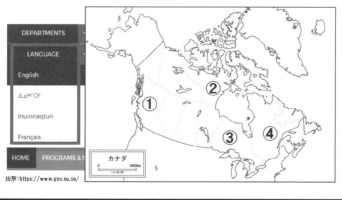

（2018年実施問題）

18

【文化地理と地域アイデンティティ】

問7　解答　④

問題訳：この写真が撮られた都市を選べ。

　街の中で撮影されたと思われる注意喚起の看板の写真である。「危険・開けるな」と書かれている。上から英語，中国語，マレー語，タミル語の4つの言語で書かれ，4言語が使用されている都市を問う問題。

　解答は④のシンガポールで，先住民族が用いているマレー語，中国からの移民によってもたらされた中国語，イギリス支配時代に広まった英語，そしてインド南部からの移民の言葉であるタミル語の4つがすべて公用語となっている。そのため，街中の表示にはこの4言語が併記されていることが多い。

　シンガポールは，1963年にマレーシア連邦の1州としてイギリスから独立したが，マレー人などの先住民（ブミプトラ）優位の政策を取る政府と，中国系住民の多いシンガポールが対立したため，1965年に分離・独立した。独立以来，言語の違いによる対立を避けるため4言語が公用語となっているが，英語が最も広く使われている。英語とともに中国系住民は中国語，マレー系住民はマレー語，インドのタミル系住民はタミル語を日常的に使用している。ちなみに①はソウルで韓国語（朝鮮語），②は上海で中国語，③はフィリピンのマニラで英語とタガログ語が使用されている。

【文化地理と地域アイデンティティ】

問8　解答　②

　図をみると，この公式サイトは4つの言語について選択が可能となっていることが分かる。このことから，英語，イヌクティトゥット語，イヌクナクトゥン語，フランス語が州の公用語となっているヌナブト準州と考えられる。

　カナダはイギリス系移民とフランス系移民が建国したことから英語とフランス語が連邦の公用語とされているのはよく知られているが，州ごとにも公用語が制定されている。②のヌナブト準州は，1999年にイヌイットの自治権拡大の要求等の広がりを受けて住民投票が行われ，西隣に位置するノースウェスト準州から分離した。人口の8割以上がイヌイットであり，イヌクティトゥット語が最も広く使用されており，公用語の1つになっている。なお，①のブリティッシュコロンビア州と③のオンタリオ州の公用語は英語，④のケベック州の公用語はフランス語である。④の南のニューブランズウィック州は英語とフランス語が公用語になっている。州（準州）が制定している公用語から民族の大まかな分布がわかる。

【地図（投影法・模式図・分布図等）を用いた問題】

20

【文化地理と地域アイデンティティ】

問9　解答　③

　この問題の解答は，地図帳の世界の言語を示した地図を見ると一瞬でわかる。バングラデシュの公用語であるベンガル語は，インド＝ヨーロッパ語族のインド＝イラン語派の言語である。インド＝イラン語派の言語はどのように分布しているかを確認すると，バングラデシュからインドの北部を経て，パキスタン，アフガニスタン，イランを通り，トルコの東部まで帯状に広がっている。主な言語を挙げると，インドの連邦公用語のヒンディー語，パキスタンの国語とされているウルドゥー語，アフガニスタンの公用語のパシュトゥー語，イランの公用語であるペルシャ語などである。①のトルコではアルタイ諸語・チュルク語派に分類されるトルコ語が公用語とされ，広く使用されているが，東部に居住し「国をもたない最大の民族」として知られているクルド人はインド＝イラン語派のクルド語を使用している。このように，各言語については言語学的に分類された語族を意識して知っておく必要がある。ちなみに，②のサウジアラビアの公用語であるアラビア語はアフロ＝アジア語族，④のミャンマーの公用語のミャンマー語（ビルマ語）はシナ＝チベット語族に分類されている。

【地図スキル】

問10　解答　④

　メルカトル図法の特徴について理解しているかを問う問題。メルカトル図法で描かれた地図は緯線と経線が直交しており，経線と地球上の任意の2地点を結んだ直線との角度が正しく表示される。この直線は等角航路（等角コース）とよばれる。したがって，問題の①の地点Aと地点Bを結ぶ直線は等角航路である。一方，地球上の任意の2地点の最短経路は，大圏コースによって示される。大圏コースとは，地球の中心を通る平面で地球を半分の切ったと仮定した際に切り口となった平面の外周である。

　問題の地点Aの経度は東経30度，地点Bは西経150度であるから，この2地点は経度で180度離れている。地球儀で考えると（地球儀を持っている場合は実際に眺めてみよう），東経30度と西経150度は1つの大圏コース（大円）を構成しており，この2つの経線は北極点でつながっている。以上から解答は④であるとわかる。

問11　下表は、リオデジャネイロとシドニーからロンドン、カイロ、ホノルル、ニューヨークまでの距離を示している。 ホノルルはどれか。

	リオデジャネイロ	シドニー
①	9,882	14,415
②	7,729	15,990
③	9,254	16,990
④	13,343	8,151

（単位はkm）

（理科年表　平成28年により作成）

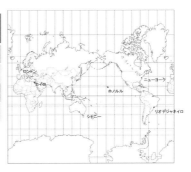

（2021 年実施問題）

Q12　What is shown on this cartogram?
　① Forest area 　② Population
　③ GNI 　④ Total railway extension

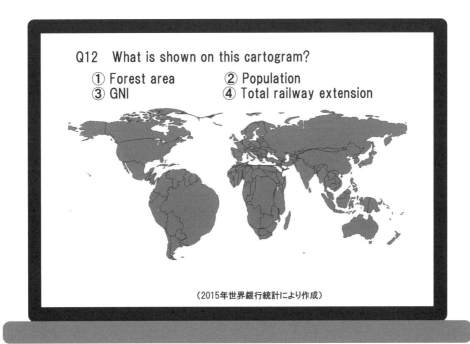

（2015年世界銀行統計により作成）

（2019 年実施問題）

【地図スキル】

問 11　解答　④

　問題に示されている世界地図はメルカトル図法である。問題文に「距離」と書かれているが，これは特に断りがなければ最短距離を示すので，大圏コースを考えなければならない。また，この地図は大西洋の付近で切れているので，アメリカ大陸からヨーロッパおよびアフリカは大西洋を挟んで比較的近いということを忘れてはならない。地図を見るとリオデジャネイロからロンドンとカイロは非常に遠く見えるが，球体で考えるとそれほど遠くはない。

　メルカトル図法の世界地図から地球上の 2 地点間の最短距離を正確に求めることはできないが，ロンドン，カイロ，ニューヨーク，ホノルルの 4 地点がすべて北半球で，緯度も極端に離れているわけではないので，リオデジャネイロとシドニー（この 2 都市は南半球の都市で緯度差は極端に大きいわけではない）からの経度差が多少ヒントになりうる（2 地点間の最短距離を示すルートはすべて赤道を跨ぐという点で条件が揃っている）。そのように考えると，リオデジャネイロからホノルルは最も遠く（経度差が大きい），シドニーからホノルルは最も近い（経度差が小さい）。同じように考えると，①はカイロ，②はニューヨーク，③はロンドンということがわかる。

【開発地理と空間的不平等】

問 12　解答　①

> 問題訳：次のカルトグラムは何を示しているか？
> 　　　　①森林面積　②人口　③GNI　④鉄道総延長

　カルトグラム（cartogram）は日本語では変形地図というもので，各地域についてそれぞれの統計数値について面積に反映させて示す（各地域のもとの形を変形させる）統計地図である。

　問題の地図を見てわかることは，赤道直下の地域を持つブラジルやコンゴ民主共和国が本来の地図と比較して大きく示されている。日本やスウェーデン，フィンランド，ミャンマーも大きくなっている。一方で，乾燥地域に位置する北アフリカの国々やモンゴルはかなり小さく変形されている。世界最大級の人口を持つインドや中国もあまり大きく示されていない。GNI および鉄道総延長世界 1 位のアメリカ合衆国も目立って大きいわけではない。以上のことから，この世界地図は各国の森林面積を示したカルトグラムということがわかる。

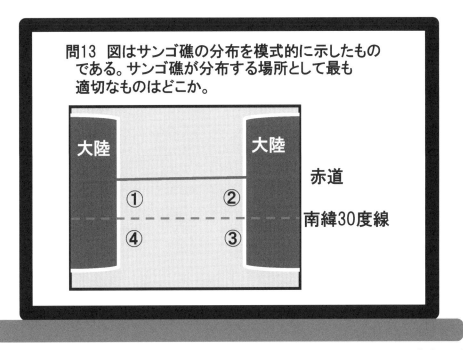

問13　図はサンゴ礁の分布を模式的に示したものである。サンゴ礁が分布する場所として最も適切なものはどこか。

大陸　大陸

赤道

南緯30度線

①　②

④　③

（2020 年実施問題）

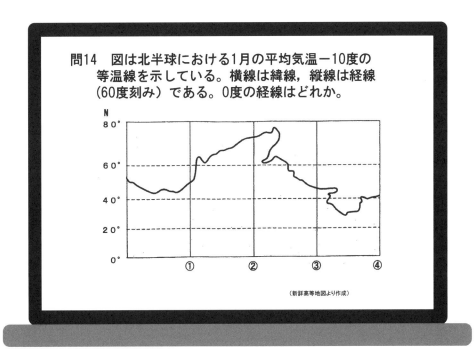

問14　図は北半球における1月の平均気温－10度の等温線を示している。横線は緯線，縦線は経線（60度刻み）である。0度の経線はどれか。

N
80°
60°
40°
20°
0°

①　②　③　④

（新詳高等地図より作成）

（2018 年実施問題，一部改変）

【環境地理と持続可能な開発】

問13　解答　①

　サンゴ礁の形成が，気候や海流に影響を受けるといった，サンゴ礁分布の一般的共通性を理解しているかを問う問題。サンゴ礁は，亜熱帯・熱帯の暖かく浅い海に発達する。したがって赤道付近が適地となるが，海洋の東側と西側では，海水温に違いがあるため，一様ではない。

　海洋の東側（②と③）では，寒流が大陸に沿って北上するため，水温が低い。南アメリカ大陸西岸沖のペルー（フンボルト）海流や，アフリカ大陸西岸沖のベンゲラ海流がその例である。それに対して海洋の西側（①と④）では，暖流が大陸に沿って南下するため，水温が高い。④は南緯30度より高緯度で，サンゴの生育条件の水温を下回るため，サンゴ礁は発達しない。したがって海洋西側の赤道近くである①が正解となる。

【気候と気候変動】

問14　解答　②

　水陸分布や海流の位置などから，北半球の冬の気温分布を多角的に理解できているかを問う問題。世界の気温分布は，緯度を基本としながらも，大陸と海洋の分布，海流，標高などに影響を受ける。

　例えば，北半球の大陸の西岸では，北上する暖流や，その上を吹いてくる偏西風の影響を受けて緯度の割に冬温暖となり，－10度の等温線は高緯度側に屈曲する。一方，北半球の大陸内部では，大陸上に発達する高気圧の影響を受けて冬に寒冷となり，－10度の等温線は低緯度側に屈曲する。特にユーラシア大陸は世界最大の大陸のため，この傾向はきわめて強くなる。したがって②付近が北大西洋海流の影響を受けた大西洋，③と④の間が標高も高くきわめて低温となるチベット高原と判断できる。以上から，図の左端は西経120度，①は西経60度，②は0度，③は東経60度，④は東経120度を表す。

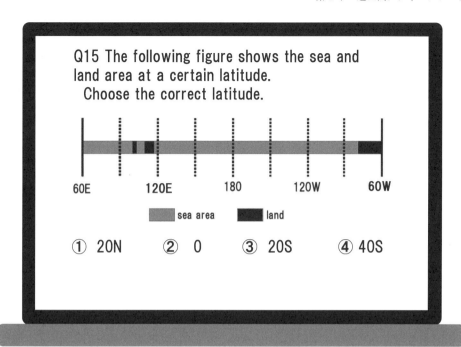

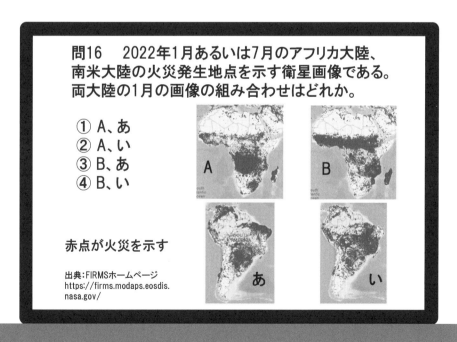

【地形，景観と土地利用】

問15　解答　②

> 問題訳：次の図は，ある緯度の海陸分布を示している。正しい緯度を選べ。

　世界の海陸分布に関する問題。ユニークな出題方法であるが，世界地図の概略が頭の中に入っているかを問う問題。赤道付近の陸地の分布は，90Eから120Eにかけてスマトラ島とカリマンタン島があり，80Wから50Wには南アメリカ大陸がある。20Nであれば60Eから120Eにかけてインド亜大陸やインドシナ半島がある。20Sでは120Eから150Eにオーストラリア大陸がある。40Sだとほとんど海洋となる。

　なお，南緯40度から50度の海域は「吠える40度（Roaring Forties）」と呼ばれる。その理由はこの緯度帯には陸地がほとんどないため，偏西風が強く吹くからである。なお，南緯50度以南になるとさらに風が強くなり，「狂う50度（Furious Fifties）」，「絶叫する60度（Shrieking Sixties）」と呼ばれ，海上交通の難所となっている。

【気候と気候変動】【環境地理と持続可能な開発】

問16　解答　③

　グローバルで見た場合，森林火災は，植生の発達している場所で発生する。つまり，砂漠や高緯度地域などでは火災は発生しない。また，年間を通じて降雨のある地域でも火災は少ない。つまり，火災は植生がありかつ，雨季と乾季がある地域で，乾季に多く発生する。こうしたことを念頭に分布図を読み解く。

　アフリカ大陸では，サハラ砂漠の南縁部に着目する。「B」のほうが火災が多いことからこの時が乾季，つまり亜熱帯高圧帯に覆われる1月と考える。南米大陸ではブラジル高原をみる。「あ」のほうが南部に火災が多いことから，亜熱帯高圧帯が南に移動していると考えられるため1月と判断する。

　右図は熱帯収束帯の季節移動を示している。太陽の回帰に伴って1月（北半球の冬）は南に，7月（北半球の夏）は北に移動する。

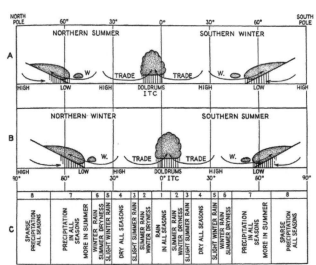

FIG. 3.20. Schematic cross section through the atmosphere showing the main zones of ascending and descending motion; A, during the northern summer; B, during the northern winter; C, zones of precipitation. Many nonzonal features of the earth's rainfall distribution cannot be represented on this type of diagram. (From Pettersen, "Introduction to Meteorology," McGraw-Hill Book Company, Inc., New York.)

G.T.Trewartha（1954）AN INTORODUCTION TO CLIMATE.3rd.Ed.

問17　次の図の点は
2023年3月現在、各国に乗り入れている欧米の航空会社を示している。
■で示された航空会社はどこの国か？

① アメリカ合衆国
② イギリス
③ ドイツ
④ フランス

（航空会社HP等により作成）

（2016 年実施問題，一部改変）

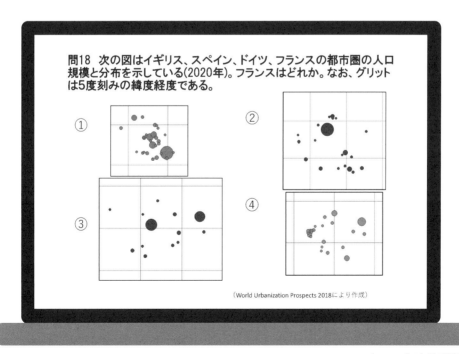

問18　次の図はイギリス、スペイン、ドイツ、フランスの都市圏の人口規模と分布を示している(2020年)。フランスはどれか。なお、グリットは5度刻みの緯度経度である。

①　②　③　④

（World Urbanization Prospects 2018により作成）

（2022 年実施問題）

【開発地理と空間的不平等】

問17　解答　④

　航空網に関する問題。航空路線は，国同士の結びつきの強さを示している。アフリカ大陸の国々と欧米諸国を結ぶ航空路線は，植民地時代からの結びつきや現代の経済状況を示している。

　■は，西アフリカ諸国およびマダカスカルに分布しており，×はエジプトやナイジェリア，ケニア，南アメリカといった主要国に航空路が開設されている。〇は東アフリカを中心に路線がある。△はアンゴラ，ナミビアといった比較的新しい国やセイシェルやモーリシャスといった島国（観光地）に路線がある。西アフリカ諸国は，かつてのフランス植民地であり，公用語もフランス語になっている。そのためフランスとの結びつきが強いことは容易に類推できるため，■はフランス。×はアメリカ，〇はイギリス，△はドイツである。なお，日本（成田）からアフリカ便は，エチオピア航空（ワンストップ）およびエジプト航空（ノンストップ）がある。なお，実際の運航状況は新型コロナウイルス感染症の影響等で若干異なる場合がある。

【人口と人口変動】

問18　解答　②

　ヨーロッパの4カ国における都市圏の空間的な分布を，人口規模とともに示した4枚の図から，国を判定する問題。取り上げられた国は，イギリス，スペイン，ドイツ，フランスである。それぞれの国の首位都市のおおよその人口規模や，国土の中における首位都市と2位以下の都市との規模の違い（換言すれば，人口から見て一極集中が進んでいるかどうか），国土全体を見た際の都市の分布などが想像できれば，解答にたどり着けるであろう。

　①～④の特徴をみてみよう。①は首位都市の人口規模が大きく，近隣の比較的狭い範囲の中で，比較的規模の大きい都市が立地している。また，首位都市が南東部にあり，そこから北西方向に都市圏が多くみられる。②は首位都市に人口が集中しているように見受けられ，その他の都市は，比較的小規模なものが分散して立地している。③は首位都市と近い規模の都市が別にあり，国土の中で中核的な中心都市が2カ所あるのが特色である。④は都市が比較的分散して立地しており，各都市の人口がさほど多くない。こうした条件を各国の都市分布と照らし合わせると，①はロンドン，リヴァプールのほか，その近隣で複数の都市が発達しているイギリス，②は首都パリへの集中度が高いフランス，③は首都マドリードのほか，東部にカタルーニャ州の中心都市バルセロナがあるスペイン，④は古くから都市の発達が進み，比較的小規模な都市が多く立地しているドイツと判断できる。

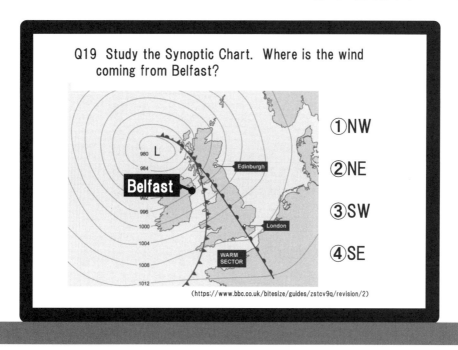

Q19 Study the Synoptic Chart. Where is the wind coming from Belfast?

①NW

②NE

③SW

④SE

(https://www.bbc.co.uk/bitesize/guides/zstcv9q/revision/2)

（2020 年実施問題）

問20　ハワイ諸島は，太平洋プレートのホットスポット上に生じた島々である。太平洋プレートの動きと島々が生じた時期の新旧との正しい組合せを、次の①〜④のうちから選べ。

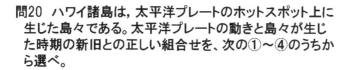

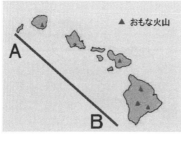

▲ おもな火山

（産総研HPを一部改変）

① 島々はAからBに向かい新しい
② プレートはA方向に動き、島々はBからAに向かって新しい
③ プレートはB方向に動き、島々はAからBに向かって新しい
④ プレートはB方向に動き、島々はBからAに向かって新しい

（2019 年実施問題）

【気候と気候変動】

問 19　解答　③

> 問題訳：次の天気図におけるベルファストでの風向きとして正しいものを選べ。
> 　　　①北西　②北東　③南西　④南東

　等圧線の形状から風向を特定する理解力を問う問題。風は気圧の高いところから低いところへ吹くものの，コリオリの力によって北半球では進行方向から右に曲がり，南半球では進行方向から左に曲がる。コリオリの力とは転向力ともいい，地球の自転速度が緯度によって異なることによって起こる，慣性力の一種である。

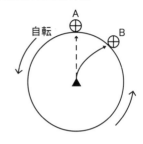

　例えば，左向きに回転する円盤上でボールを投げるとする。いま，中心から円周の的 A に向かって投げた場合，自分は円盤とともに左に動くので，ボールは B の方へ右にそれてしまう（右図）。また円周上から中心に向かって投げた場合も，ボールは右にそれてしまう。こうして高緯度（中心に相当）から低緯度（円周に相当）に向かう風は地球の自転方向と反対向きの西向き，低緯度から高緯度に向かう風は自転方向と同じ向きの東向きに曲がる。低気圧では中心に向かって風が吹き込むので，低気圧の南側では東向き，北側では西向きに吹くことになり，反時計回りに風が吹き込む。つまり低気圧の中心近くでは，ほぼ等圧線に沿う風向となる。

　ベルファストでは，等圧線が北東－南西方向に延びているので，南西から北東へ風が吹く。

【地形，景観と土地利用】

問 20　①

　プレート移動によるハワイ諸島の形成に関する知識を問う問題。ハワイ諸島は，太平洋プレートのホットスポット上に生じた島々である。ホットスポットとは，プレートより下のマントル深部に生成源があるマグマによって火山活動が起きている場所のことである。プレートを突き破ってマグマが上昇してくるため，移動するプレートの内部に起こる場合は，プレートの移動にともなって火山地形が並ぶことになる。ハワイ諸島はこうして列状の諸島となっている。

　太平洋プレートは，ハワイ諸島周辺では北西方向に移動している。したがって南東にある島ほど形成時代が新しく，北西にある島ほど古い。最も南東部にあるハワイ島は，キラウエア火山など現在もマグマを出す活火山である。ハワイ諸島から北西方向にはミッドウェー諸島があり，さらに天皇海山列とよばれる海山が連なる。海山とは海面下にある山のことで，天皇海山列も，かつてホットスポットで形成されたものがプレートの移動に伴って太平洋北部まで達したものである。天皇海山列とミッドウェー諸島の並ぶ方向が屈曲していることから，太平洋プレートの移動方向が変化したことがわかる。ホットスポットは，ハワイ諸島のほか，大西洋のカナリア諸島，太平洋のイースター島，ロッキー山脈中のイエローストーンなど世界に 20 カ所以上存在する。

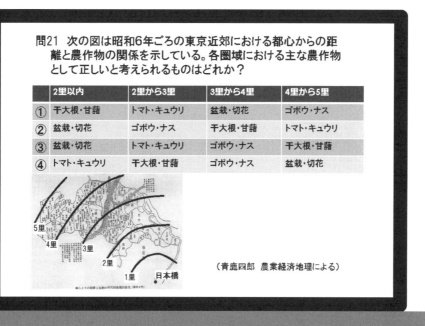

問21 次の図は昭和6年ごろの東京近郊における都心からの距離と農作物の関係を示している。各圏域における主な農作物として正しいと考えられるものはどれか？

	2里以内	2里から3里	3里から4里	4里から5里
①	干大根・甘藷	トマト・キュウリ	盆栽・切花	ゴボウ・ナス
②	盆栽・切花	ゴボウ・ナス	干大根・甘藷	トマト・キュウリ
③	盆栽・切花	トマト・キュウリ	ゴボウ・ナス	干大根・甘藷
④	トマト・キュウリ	干大根・甘藷	ゴボウ・ナス	盆栽・切花

（青鹿四郎 農業経済地理による）

（2017 年実施問題）

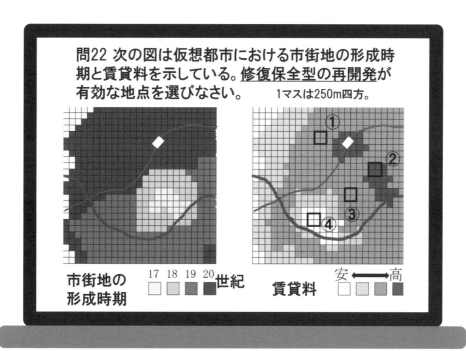

問22 次の図は仮想都市における市街地の形成時期と賃貸料を示している。修復保全型の再開発が有効な地点を選びなさい。 1マスは250m四方。

市街地の形成時期　17 18 19 20 世紀

賃貸料　安 ← → 高

（2022 年実施問題）

【農業地理と食料問題】

問21　解答　③

　　農業立地論に関する問題。地図の中に作物名が書かれているが，これを読ませることを考えているわけではない。チューネンの圏構造に関する概念的知識（都市に近い場所では集約的で離れるにつれ粗放的になること，生鮮品は都市に近い場所で保存のきくものは都市から離れた場所で作られる）があれば解答できる。

　　選択肢にある作物は，干大根・甘藷（干大根は保存がきく），トマト・キュウリ，盆栽・切花（切り花は鮮度が重要），ゴボウ・ナスであるので迷うことはないであろう。なお，ある地点からの距離によって，現象が異なるということは農業以外でも観察される。都市の内部構造（バージェスの同心円理論）あるいは方言周圏論などである。

【都市地理，都市再開発と都市計画】

問22　解答　③

　　再開発に適した方法が地域によって異なることを考えさせる判断力を問う問題。広義の都市再開発には，「再開発」「修復」「保全」といった手法がある。「再開発」とは，既存の建築物などを除去して，道路や公園など公共施設や建造物を一体的に整備すること。「修復」とは，既存の建造物等を生かしつつ，部分的な修理，改造，設備の更新などによって環境を改善すること。「保全」とは，建築規制や用途制限などを通して，良好な環境を維持することとされる。

　　本問は，市街地の形成時期と賃貸料の2つの側面から「修復」かつ「保全」が適する場所を考えるものである。市街地の形成時期が古ければ，歴史的建造物が残されていると考えられ，それらを修復し，保全していくことは文化的に意義があると考えられる。また，歴史的建造物を守るためには，建築規制や用途規制も効果がある。一般に地価が安ければ「再開発」は効果的である。また，経済活動が集積する市街地の中心地区は地価が高くても，「再開発」によって便益の改善が見込まれるので「再開発」が有効になる。また，郊外地域など市街化が進んでいない地域では，あらかじめ土地利用規制をかけるといった「保全」が効果的であろう。

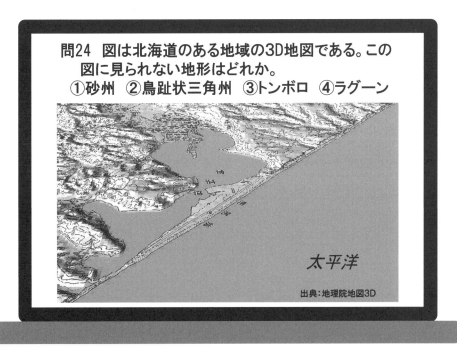

【災害と災害管理】

問 23　解答　②

　社会的事象を分布図から分析できることを知り，その事象の要因と分布図を関連づけて読み取る地理的な見方を問う問題。コレラは世界に広く分布する細菌性の感染症の1つで，汚染された飲食物の摂取により感染する。現在もハイチやドミニカ共和国での感染が続いているが，世界的には衛生状態の改善により減少している。

　19世紀のロンドンでは上下水道が未整備で，生活用水を井戸から得る地下水に頼っていた。家庭排水による汚染が進む地下水を飲料水として使うことで，コレラが流行したことが考えられる。特に汚染度の高い井戸の周囲には，コレラの発生者が多いことが予測できる。これより，コレラの死者が最も集中している②の井戸が発生源と考えることが自然である。

　このように事象を地図化することで，その現象の要因などの理解に結びつく。こうした利点が地図化にはあるということを学べる良い事例である。なお，本問の原図はJOHN SNOW 1855.ON THE MODE OF COMMUNICATION OF CHOLERA. 2ed.　London. John Churchill.（J. スノウ著, 山本太郎訳（2022）『コレラの感染様式について』岩波文庫）にある。

【地形，景観と土地利用】

問 24　解答　③

　地形は地形図や景観写真を用いて出題される例が多い。3D地図は，等高線の読みが苦手であっても大まかな地形が把握できるといった特徴がある。本問は，海岸の地形形態の理解を問う問題。

　湧洞浜は砂州。これによって太平洋から切り離された湧洞沼は海跡湖。形態的には潟湖（ラグーン）。地図上部から湧洞沼に入ってくる河川が鳥趾状三角州を形成している。三角州の形態は沿岸流に影響されるが，潟湖には沿岸流がないので鳥趾状三角州が形成される。トンボロは陸繋砂州ともいわれ，沖合の島と本土が砂州でつながったもので，北海道の函館が有名。地理院地図Globeでは3D表示ができる。なお，本図は北海道中川郡豊頃町。図幅名は2万5000分の1「湧洞沼」。

問25 次の図中 ▨ には畑・針葉樹林・集落などがみられる。あてはまる地形分類はどれか。

① 扇状地
② 自然堤防
③ 砂丘
④ 後背湿地

出典：地理院地図

（2023 年実施問題）

問26 地図は2万5千分の1，または5万分の1地形図の一部である。A点の標高が400mのとき，山頂Bの標高として可能性のないものを選べ。

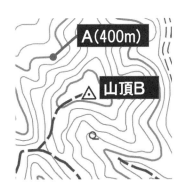

A(400m)

山頂B

①455m
②465m
③505m
④515m

（地理院地図により作成）

（2020 年実施問題）

【地形，景観と土地利用】

問25　解答　③

　平野で見られる地形に関する土地条件図について，地図を読み取る技能を問う。地図は越後平野の阿賀野川河口右岸付近を示した土地条件図である。筋が何本も見られるが，これは海岸に沿う砂丘の高まりである。越後平野は，阿賀野川や信濃川によって運ばれた土砂が砂丘をつくり，平野が広がっていった。砂丘列の間である堤間地は低湿で水はけが悪く，未開拓地として残された一方，砂丘上は水はけがよく高潮などの被害も少ないため，畑・樹林・集落などに利用された。

　図では筋が平行に連なっていることから，河川の河口部で土砂が堆積してできた氾濫原とは考えにくい。したがって，氾濫原にみられる②の自然堤防や④の後背湿地ではない。また①の扇状地も河川の堆積地形であるが，扇状地は扇形の形態になることや，土地利用が扇央で畑や樹林，扇端で集落となることなどから，図には当てはまらない。

　越後平野の堤間地には池も多く，これが潟とよばれ，新潟の県名もこうした潟に由来する。潟は近世以降，排水されて水田化が進み，一大稲作地帯となった。

【地図スキル】

問26　解答　②

　地形図の等高線に関する理解を問う問題。地形図の等高線には，主に主曲線と計曲線の2種類がある。主曲線は計曲線に比べて細い線で，5本に1本が太い計曲線となる。

　地形図が2万5千分の1とした場合，主曲線の間隔は10mとなる。山頂Bを取り巻く計曲線が450mとなるので，①の455mの可能性はあるが，②の465mはありえない。

　地形図が5万分の1とした場合，主曲線の間隔は20mとなる。山頂Bを取り巻く計曲線が500mとなるので，③の505mおよび④の515mのどちらも可能性はある。

　地形図の等高線に補助曲線やおう地があると，読み取りは複雑になる。右の図は秋吉台周辺の2万5千分の1地形図を示したものである。図の中心部の矢印記号は小おう地を表すが，その矢印の先にあたる地点の標高は，300〜310mの間となる。

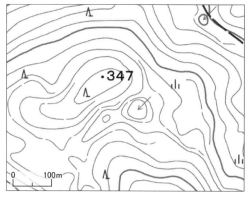

地理院地図に加筆

【グラフの読解に関する問題】

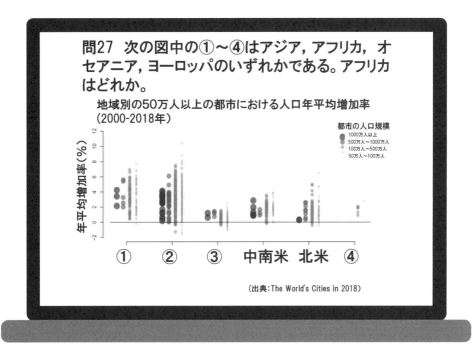

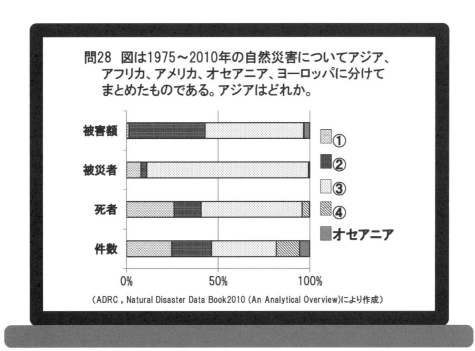

【人口と人口変化】

問 27　解答　①

　　世界の地域別の大都市の分布や数，成長度合いについて理解しているかどうかを問う問題。この図から読み取れる情報は，世界の地域別の都市の数，その人口規模と年平均増加率である。世界の人口の趨勢を俯瞰すると，先進地域では人口が停滞または減少している国が多いが，発展途上地域では今なお，大きく増加している国が多い。また，発展途上地域では，経済成長の過程で都市と農村部との経済格差が広がり，人口が増加した農村部から，仕事を求めて都市へ移り住む移動者が多くみられる傾向がある。したがって，発展途上地域の方が都市人口増加率が高くなる傾向がある。また，首位都市（プライメート・シティ）への人口の一極集中が見られる国も少なくないが，このような場合には首位都市の人口規模が非常に大きくなることが多い。

　　本問では世界の 6 地域のうち，中南米と北米が明かされているので，この両地域よりも増加率が高い都市が多く，1,000 万人以上を数えるような大都市も見られる①と②が，発展途上地域を多く抱えるアフリカとアジアであることが分かる。この両者の比較では，②の方が，都市の数自体が多く，より大規模な都市も多い傾向があり，こちらがアジアであると判断できる。したがって，アフリカは①である。なお，③と④の比較では，比較的規模の小さい都市が多くみられる③がヨーロッパ，都市の数自体が少ない④がオセアニアである。

【災害と災害管理】

問 28　解答　③

　　グラフで読み取った内容を，各大陸の大まかな自然・人文的特徴と照らし合わせて考察する思考力を問う問題。自然災害には，洪水や高潮などの気象災害，干ばつなどの気候災害，地震などの地盤災害などがある。これらの発生には地域差がある。

　　例えば，高潮が発生しやすいのは熱帯低気圧が多く発生する大陸東岸の中緯度が中心，干ばつが発生しやすいのはサヘルなど半乾燥地域が中心，地震が発生しやすいのは環太平洋造山帯やアルプス＝ヒマラヤ造山帯などの変動帯が中心となる。また，自然現象は，人間生活に被害を与えて初めて「災害」となる。したがって，災害の規模は人口密度や地域の経済規模ともかかわっている。

　　①は死者や件数に対して被害額が少ないため，経済規模が小さいアフリカ。

　　②は被災者や件数に対して被害額が大きいため，経済規模が大きいアメリカ。

　　③は被災者が 8 割以上を占めるほど大きいため，人口規模の大きいアジア。

　　④は被害が全体として小さいため，自然環境が穏やかで災害の少ないヨーロッパ。

　　それぞれの災害の特徴については，問 43 も参照すること。

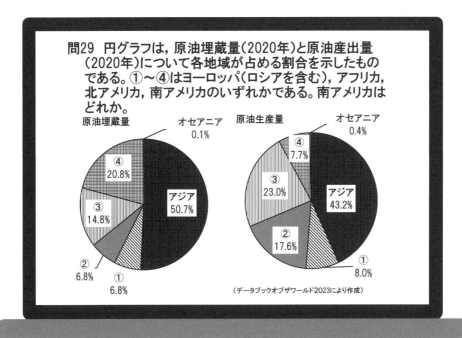

（2019 年実施問題，一部改変）

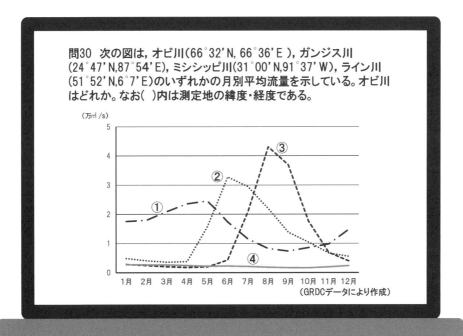

（2017 年実施問題，一部改変）

【資源と資源管理】

問29　解答　④

　原油の埋蔵量と産出量に関する大まかな理解をもとに，資源の分布と開発の進行状況を関連づけて考察する思考力を問う問題。原油は現代の工業・生活を支える重要な資源であり，その獲得は各国の重要課題となっている。技術や資金を持った先進地域で開発が進む一方で，資金不足や政情不安定などにより埋蔵量はあるものの開発が進まない地域もある。その代表例がベネズエラであり，埋蔵量は世界の17%程度を誇るものの，生産量では3%程度と乖離が大きい。ブラジルやアルゼンチンでもシェールガスなど燃料資源の埋蔵が確認されているが，開発は途上である。

①は埋蔵量と産油量は同じ程度。技術や資金は不足しているものの，先進国企業の進出により開発は比較的進んでいるアフリカ。

②は埋蔵量に対して産出量が多いのはヨーロッパ。イギリスやノルウェーなどが権益を持つ北海油田では，1970年代の発見以降，開発が進み，枯渇も近いといわれている。

③は埋蔵量に対して産出量がやや多い。開発も進んでいるが，シェールオイルなどの開発により埋蔵量もある程度の水準にある北アメリカ。

④は埋蔵量に対して産出量が大幅に少ないことが特徴の南アメリカ。

【環境地理と持続可能な開発】

問30　解答　②

　河川の位置する地域を緯度・経度から特定し，そこでの気候から流量の季節変化を推測する考察力を問う問題。河川の流量は，流域での降水量とともに，上流での融雪量によっても変化する。

①は4月に最大，9月に最小となるものの，季節変化はそれほど大きくないことからミシシッピ川となる。ミシシッピ川はアメリカ合衆国の中央部を南流し，流域は温暖湿潤気候であることから，降水量の季節変化は比較的小さい。

②は4月から6月の間に急激に増加することから，融雪水の供給が多いオビ川となる。オビ川はシベリアの3大河川の1つで，最も西側に位置する。源流はアルタイ山脈およびサヤン山脈。流域は亜寒帯と寒帯にあたり，白夜となる初夏に融雪が進み，河川流量が急増する。

③は8月に極端に大きくなることから，モンスーンによる多雨となるガンジス川となる。ガンジス川はインド北部のヒンドスタン平原を流れ，流域は夏に吹く南西季節風により夏に特に多雨となる。モンスーンとは，日本では季節風と略されるが，インドでは夏の季節風による雨季の意味で使われる。

④は流量が少なく，季節変化も小さいのでライン川となる。ライン川はアルプス山脈を源流とする。流域のほとんどは西岸海洋性気候にあたり，降水量の季節変化が小さい。また流域面積が他の3河川に比べて小さいため，流量も小さくなる。

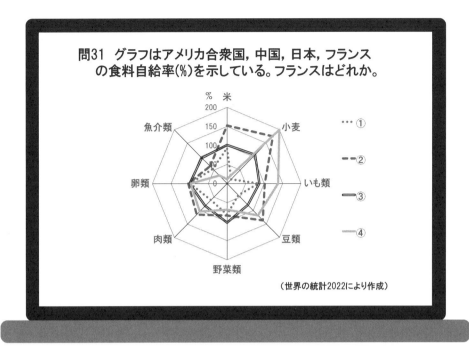

問31　グラフはアメリカ合衆国，中国，日本，フランスの食料自給率(%)を示している。フランスはどれか。

（世界の統計2022により作成）

（2017年実施問題，一部改変）

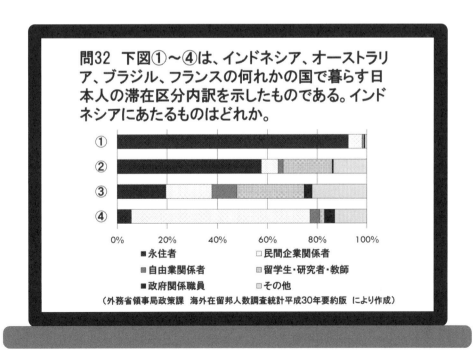

問32　下図①〜④は、インドネシア、オーストラリア、ブラジル、フランスの何れかの国で暮らす日本人の滞在区分内訳を示したものである。インドネシアにあたるものはどれか。

（外務省領事局政策課　海外在留邦人数調査統計平成30年要約版　により作成）

（2021年実施問題）

【農業地理と食料問題】

問31　解答　④

　4カ国の食料自給率の特徴を正確に理解できているかを問う問題。最近の国際情勢の変化にともない，日本でも食料自給率について話題とされることが多くなった。食料自給率はその国の農業生産と農産物の輸出入が深く関わっており，これらの状況を含めて正しく考えられる思考力が必要である。

　アメリカ合衆国と中国は世界最大級の農業大国であるが，農産物の輸出入の状況が大きく異なるため，自給率についても大きな差異が見られる。アメリカ合衆国は，日本などに大量の農作物を輸出しており，②のように米や小麦の自給率は高い数値を示す。一方の中国は，農業生産が多いものの，世界最大級の人口を養う必要があることから，農産物の多くは国内で消費され，外国に輸出される量は限定的である。したがって，③に見られるようにどの品目も自給率100%前後のバランスの取れたグラフとなる。日本は①のグラフが示すように，米やいも類，卵類の自給率は多少大きくなっているものの，小麦や豆類の大部分は外国からの輸入に頼っている。フランスは米の生産が少なく，そのほとんどを輸入に頼っているものの，主食穀物である小麦の自給率は非常に高く，外国にも輸出している。以上から解答は④であることがわかる。

【人口地理と人口変化】【経済地理とグローバル化】

問32　解答　④

　世界の4カ国のいずれかに暮らす日本人の滞在区分別割合を示したグラフから，国を判定する問題。取り上げられたインドネシア，オーストラリア，ブラジル，フランスの4カ国は，いずれも日本人が比較的多いが，滞在区分別の割合は大きく異なり，特色がみられる。なお，グラフでは人数を実数で示すのではなく，それぞれの国の日本人数を100%として割合で表示している。

　①は永住者が突出して多いことから，ブラジルと判断できる。20世紀初頭に多くの移民が渡ったことは知識として持っていてほしい。

　②はオーストラリア。留学生・研究者・教師の割合が高く，英語圏であることから高校生・大学生の人気の留学先である。永住者も多いが，これは留学やワーキングホリデーをきっかけに永住を決める人がいるためである。

　③はフランス。留学生・研究者・教師の割合が高いが，英語圏であるオーストラリアに比べると，永住まで達する人の割合は少なくなる。自由業関係者の割合が他国と比べて高いのは，2009年に始まったMicro-entrepreneurという個人事業主制度によって，スモールビジネスの立ち上げが簡素化されてきたことが関係していると考えられる。

　④はインドネシア。タイなどの東南アジア諸国と中国は，民間企業関係者の割合が高くなる。輸出指向型の工業化を目指したこれらの国に，多くの日本企業が進出している。

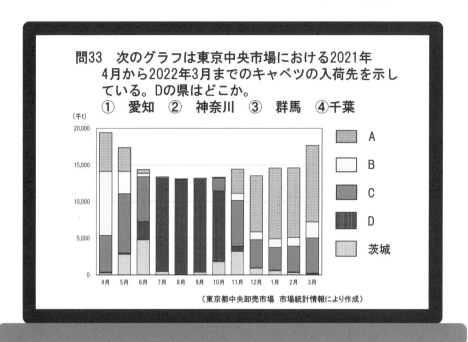

（2017 年実施問題，一部改変）

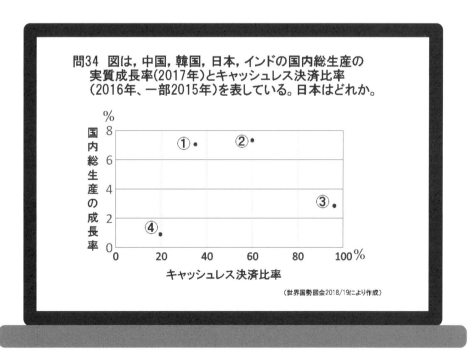

（2019 年実施問題）

44

【農業地理と食料問題】

問33　解答　③

　日常的に食されている野菜の産地を問う問題。キャベツは1年を通して流通しているが，実は冬が旬の野菜である。地理の学習は机上で行うだけでなく，日常生活の中で学ぶことが必要である。本問は食生活に関心を持っている生徒にとっては容易かもしれない。

　キャベツの原産地は，地中海もしくは大西洋地域で，比較的冷涼な気候を好む。そのため，日本では夏場を避けて栽培されてきた。秋に種を蒔き，4〜6月に収穫されるのが春キャベツで，関東近県では冬季でも比較的温暖な海洋性気候の千葉県銚子市や神奈川県三浦半島などが主産地である。夏に種を蒔き11〜3月に収穫される冬キャベツは愛知県などが主産地である。一方，夏季に流通する夏キャベツは夏季でも比較的冷涼な気候の高冷地で栽培される。群馬県嬬恋村が主産地である。つまりAは愛知県，Bは神奈川県，Cは千葉県，Dは群馬県である。

【経済地理とグローバル化】

問34　解答　④

　日本を含むアジアの4カ国の，国内総生産（GDP）実質成長率と，キャッシュレス決済比率を示した散布図から国を判定する問題。この4カ国において見る限り，両指標の間に相関関係はほぼ確認できない。このことは，キャッシュレス決済の普及が，経済成長の進展とはあまり関わらない要因に規定されていることを示している。

　2017年の国内総生産の実質成長率は，①と②で高く，③と④で低い。この4カ国の比較でいえば，成長率の低い③と④は，すでに安定的な高い経済水準を達成している日本と韓国のいずれかに該当する。逆に，成長率の高い①と②は，中国とインドのいずれかである。日本と韓国では，キャッシュレス決済の普及率が大きく異なるが，結論からいうと，③が韓国，④が日本である。③の韓国では，1997年の東南アジア通貨危機の影響から，脱税防止や消費活性化を目的にした政府主導によるクレジットカード利用促進策によって，キャッシュレス化が進んだ。一方，④の日本では，現金を持つことに不安がない治安の良さや，偽札の流通が少ないことによる現金への高い信頼などのため，キャッシュレス決済の普及が遅れている。2020年以降の新型コロナウイルス感染症による外出自粛の影響もあり，日本でもキャッシュレス決済比率は上昇傾向にあるが，2023年現在も30%程度の水準に留まっている。中国でも国主導でキャッシュレス化が進められてきた。①と②の比較で，よりキャッシュレス決済比率の高い②が中国であり，低い①がインドである。

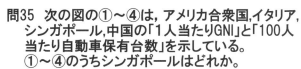

問35　次の図の①〜④は，アメリカ合衆国,イタリア,
　　　シンガポール,中国の「1人当たりGNI」と「100人
　　　当たり自動車保有台数」を示している。
　　　①〜④のうちシンガポールはどれか。

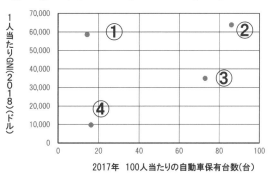

（2021年実施問題）

問36　次の図は，アメリカ合衆国,中国,ドイツ,フランス
　　　の2019年の国際観光収支を示す。①〜④のうちフラ
　　　ンスはどれか。

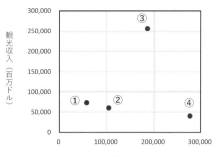

（2022年実施問題）

【開発地理と空間的不平等】

問35　解答　①

　世界の4カ国における，人口100人当たりの自動車保有台数と1人当たりGNI（国民総所得）を示した散布図から国を判定する問題。

　①〜④はアメリカ合衆国，イタリア，シンガポール，中国のいずれかであり，両指標からみたそれぞれの特徴が分かりやすく表れている。GNIは，各国の国民（個人，企業など）が一定期間に新たに受け取った所得の総額を示すものであり，その1人当たりの値は，国民の経済的な豊かさを示すといえる。先進地域ほど高くなるため，4カ国の比較でいえば，アメリカ合衆国とシンガポールで特に高く，中国で低くなる。イタリアは，南部における1人当たりGNIが低い傾向がみられ，国全体での値はやや低めとなる。また，100人当たりの自動車保有台数も，経済的な豊かさを反映する指標といえるが，国土面積や公共交通機関の発達度合いに関連する国民の生活スタイルなどの影響も大きい。1人当たりGNIの高い①と②で，100人当たり自動車保有台数には大きな違いがある。国土が広く自動車が広く普及しているアメリカ合衆国と，狭小な国土の都市国家で，生活の中における自動車の必要性が比較的低いシンガポールとの違いと判断できる。

　以上より，①がシンガポール，②がアメリカ合衆国，③がイタリア，④が中国となる。ちなみに，日本の1人当たりGNI（2018年）は40,529ドル，100人当たり自動車保有台数（2017年）は61.2台である。

【観光と観光管理】

問36　解答　①

　この散布図は，縦軸は外国からの観光客によってもたらされた収入，横軸は自国民が外国に観光に行って支出した金額を示している。4つの国について，国際観光による収支の状況を問う問題。統計年次は2019年であるので，いわゆるコロナ禍以前の時期の状況を聞いている。

　当時，世界最大の人口を抱えていた中国では，経済成長によって富裕層を中心に多くの国民が日本をはじめとした世界各地に観光に出かけていた。中国人観光客は，各国で様々な観光施設を盛んに利用し，大量の土産を購入していたので，観光支出はかなりの額に上っていたと容易に推測できる。アメリカ合衆国は物価が高い上に，観光客が楽しめる多種多様な施設が多くあることから，観光収入は相当な額に上ると考えられる。これらのことから，③はアメリカ合衆国，④は中国であることがわかる。

　フランスは国際観光客数（外国から訪れる観光客数）が世界一である。フランスの中でも有名な観光地は地中海沿岸のコート・ダ・ジュールで，ここにはドイツやイギリスなどヨーロッパの緯度の高い地域に位置する国々から，夏は海水浴，冬は避寒などの目的で多くの観光客が保養に訪れる。以上から，①がフランスで，②がドイツであることが導き出せるだろう。

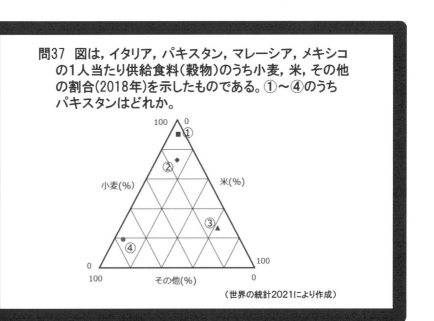

問37　図は，イタリア，パキスタン，マレーシア，メキシコの1人当たり供給食料（穀物）のうち小麦，米，その他の割合（2018年）を示したものである。①〜④のうちパキスタンはどれか。

（世界の統計2021により作成）

（2022 年実施問題）

【模式図・実験などに関する問題】

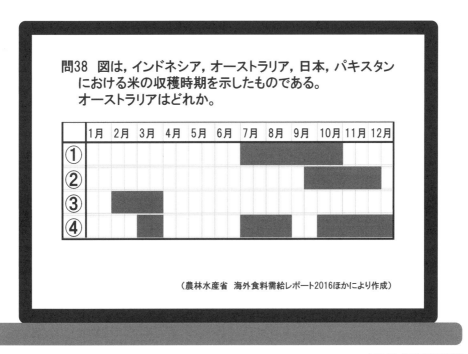

問38　図は，インドネシア，オーストラリア，日本，パキスタンにおける米の収穫時期を示したものである。オーストラリアはどれか。

（農林水産省　海外食料需給レポート2016ほかにより作成）

（2020 年実施問題）

【農業地理と食料問題】

問37　解答　②

　4カ国における小麦，米，その他の穀物（とうもろこしなど）の1人あたりの供給量の割合について問う問題。まず，三角グラフを正確に読み取ることができるだろうか。誤った罫線を使って読み取ると，統計を誤認してしまうので注意したい。

　①は小麦が100%に近い一方，米とその他の穀物は10%を下回ることから，パスタなど小麦を多く食べるイタリアと比較的容易にわかる。②は小麦が70%ぐらいで，米とその他の穀物がともに10%台である。これは小麦，米の生産量が多いものの，米を多く輸出しているパキスタンと考えられる。③は米が60%以上と多く，小麦が20%台，その他の穀物が10%程度であることから，マレーシアであることがわかる。④はその他の穀物が70%台，小麦が20%程度，米が10%を下回る。これはとうもろこしの生産量が世界的に多く，とうもろこしで作るトルティーヤなどの料理で知られるメキシコとわかる。農業と食文化は深い関わりを持っていることが多く，食料供給について問われているこの問題では，農産物の生産や輸出入とともに食文化についても考えなければ答えられない。

【農業地理と食料問題】

問38　解答　③

　穀物カレンダーから，地域ごとの米の収穫時期を問う問題。

　図に示されている国のうち，日本とパキスタンは北半球，オーストラリアは南半球，インドネシアは赤道付近に位置する。日本では多くの地域で秋に収穫されることを考えると，南半球のオーストラリアは日本と季節が逆転しているので，③の2～3月が収穫時期とわかる。赤道付近に位置し，年中高温のインドネシアでは二期作，三期作が行われており，④のように1年のうちに何度も米を収穫している。日本より多少低緯度の北緯25～35度に位置するパキスタンでは，温暖である上に，雨季の夏に降った雨を利用することから，日本より遅い9～12月に米の収穫が行われる。日本では多くの地域で9～10月に行われるが，沖縄県は温暖で降水量も多いため二期作が行われており，その年の最初の収穫が7月に行われている。

問39 作物の栽培条件を示した表のうち，A, Bに
当てはまる作物として適当なものを選べ。

① A:ナツメヤシ
　 B:ジュート
② A:アブラヤシ
　 B:ジュート
③ A:ナツメヤシ
　 B:ジャガイモ
④ A:アブラヤシ
　 B:ジャガイモ

（水野(1996)により作成）

	少	500	1000	1500	2000	多
高	A					カカオ豆
		綿花		茶		
			米			
18(℃)						
		小麦				
		B				
低						

（生育期の気温／年降水量（mm））

（2022 年実施問題）

問40　次の写真は，小麦粉とココアパウダーの互層を用い
た活断層の再現実験である。断層の種類と写真中の木
片Aの動きに関する適切な文はどれか。

木片A

①断層は木片Aが右に動いてできた正断層である。
②断層は木片Aが左に動いてできた正断層である。
③断層は木片Aが右に動いてできた逆断層である。
④断層は木片Aが左に動いてできた逆断層である。

（2019 年実施問題）

【農業地理と食料問題】

問39　解答　③

　農作物の栽培条件の理解を問う問題。この問題ではナツメヤシ，アブラヤシ，ジュート，ジャガイモの4種類について扱われている。農作物は植物であるので，気温・降水量といった気候条件や土壌成分などの影響を受ける。統計などで農作物の生産量について調べたことがあると思うが，生産量の多い国・地域はその農作物の栽培条件が良い。この問題で問われている4種類の農作物の生産量の多い国を考えると，栽培条件も見当がつく。

　ナツメヤシは西アジアと北アフリカでの生産が多いので，乾燥に強く，比較的高い気温を好むとわかる。アブラヤシは東南アジアで多く生産されているので，高温多雨の地域に適している。ジュートはガンジスデルタが主産地であることから，高温多湿が栽培条件となる。ジャガイモは世界各地で広く栽培されているが，原産地はアンデス山脈で，寒さに強くやせ地でも栽培できる。以上のことから，Aはナツメヤシ，Bはジャガイモを示しているとわかる。

【災害と災害管理】

問40　解答　③

　活断層の再現実験からその原理を理解できるかを試す。日本では地学の内容かもしれないが，国際的には地理の学習範囲。

　断層は動く方向によって正断層，逆断層，横ずれ断層と分類される。それぞれの断層ができる原因は，地殻のどの方向に最も強い力がはたらいているかの違いにある。正断層は地殻が引き延ばされているとき，逆断層は横から強く押されているときに，横ずれ断層は斜め横方向からの圧縮を受けているときに，それぞれできると考えられている。断層の形態は図の通りであり，模擬実験の画像と比較すれば逆断層であることは明らかであろう。

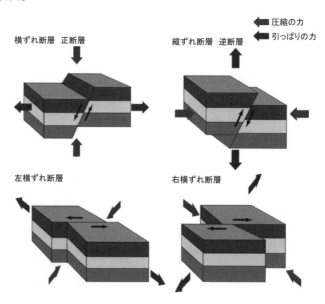

文部科学省小冊子「地震の発生メカニズムを探る」より

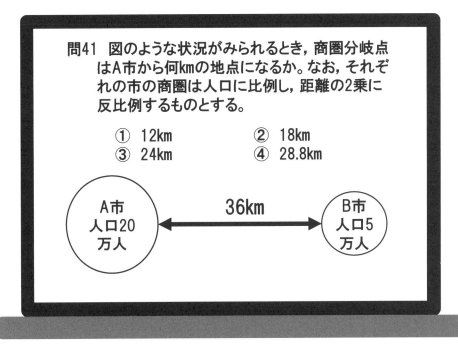

（2017 年実施問題）

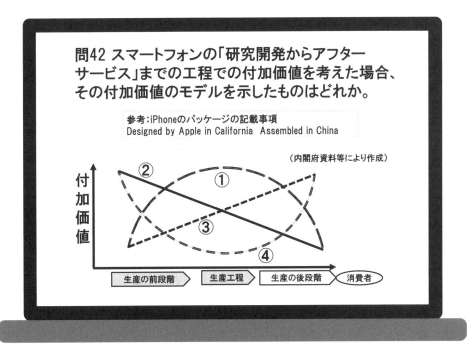

（2023 年実施問題）

【経済地理・グローバル化】

問41　解答　③

　ライリーの小売り引力の法則（グラビティモデル）からの出題。高等学校では学習しないと思われるが，問題文および図に解答に必要な事項は書かれている。商圏は人口に比例し，距離の2乗に反比例するとある。これを数式で表すと，

ある地点TのA市の吸引力Xaは　　　　　　　　　　　　$Xa = Pa / AT^2$

同様に，ある地点TのB市の吸引力Xbは　　　　　　　$Xb = Pb / BT^2$

ただし，PaはA市の人口，PbはB市の人口，ATはAT間の距離，BTはBT間の距離である。

商圏分岐点とはXaとXbが等しくなる点であるから　　　$Pa / AT^2 = Pb / BT^2$

人口はそれぞれ20万と5万だから　　　　　　　　　　$20万 / AT^2 = 5万 / BT^2$

したがって，$AT^2 : BT^2 = 4 : 1$　　　よって　$AT : BT = 2 : 1$

AB間の36 kmを2:1に分けるとAから24 kmの地点となる。

　ただ，このような計算をしなくても直感的に解答ができる。しかし，都市の規模が違う場合，規模の大きな都市のほうが商業施設が充実しているので，顧客吸引力は強くなる。A市の人口は20万，B市の人口は5万とあるのでA市のほうが商圏は広い。つまり，AB両市の中間点よりB市側に商圏分岐点があることになる。

【経済地理とグローバル化】

問42　解答　④

　スマートフォンの「研究開発からアフターサービス」までの各工程で生み出されると考えられる付加価値を，モデル図の選択肢から選ぶ問題。現在では，多くの工業製品が国際分業によって製造されている。それぞれの国・地域が各々の特性を活かした生産工程に特化し，生産物を中間財として輸出入することで，製造コストを下げるとともに，各生産工程を引き受ける国・地域は，それによる便益が得られる利点がある。

　問題の中に「Designed by Apple in California Assembled in China」とあるように，研究開発部門はアメリカ合衆国のカリフォルニア州にあり，組み立ては中国で行われている。製造工程の中には，高い付加価値を生む部門と，付加価値をあまり生まない部門の両方がある。後者を，人件費の安価な国・地域で行うことで，製造コストを抑えられる。また，生産の後段階では，アプリ開発など，高付加価値部門が付随して必要となる。このような工程ごとで生み出される付加価値を最も適当に表現しているのは④である。具体的な工程（部門）を入れて図示すると右図のようになる。

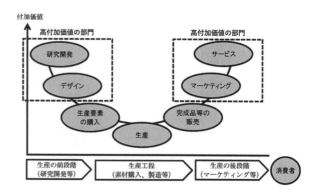

内閣府HP：https://www5.cao.go.jp/keizai3/2018/0125nk/img/n18_5_a_3_01z.html に加筆

【表の読解等に関する問題】

Q43　This table show　the impact of Natural disasters by Type for 2015.　What is A?

① Drought　　② Earthquake
③ Flood　　　④ Storm

	Occurrence	Killed	Affected	Damage (US$ million)
A	160	3,456	34,856,719	21,078
B	118	1,270	10,432,128	32,948
Epidemic	26	1,012	67,821	—
C	26	35	55,549,915	8,565
D	23	9,500	7,228,686	6,028
Landslide	21	1,019	50,156	8
Extreme temperature	12	7,425	1,260,553	94
Wildfire	12	67	499,693	3,438
Volcanic activity	6		956,092	600
Total	394	23,843	110,901,763	72,759

Source：Natural Disasters　Data Book - 2015

（2018 年実施問題）

問44　表は日本，中国，アメリカ合衆国，ドイツの主な原油の輸入先であるA～D国からの輸入量を表したものである。Bにあたる国はどこか。

①アンゴラ　　　②サウジアラビア
③ベネズエラ　　④ロシア

輸入先		日本	中国	アメリカ	ドイツ
	A	5,666	5,054	5.389	129
	B	1,347	4,243	181	2,934
	C	56	3,871	630	16
	D	38	1,601	3,958	21

（データブック・オブ・ザ・ワールド2017により作成）

（2018 年実施問題）

54

【災害と災害管理】

問43　解答　③

問題訳：この表は2015年における自然災害のタイプ別の影響を示している。Aは何か？
　　　　①干ばつ　②地震　③洪水　④暴風雨

　災害別の被害の特徴を考えることができるかを問う問題。それぞれの災害は地域的に偏りがある。干ばつは半乾燥地帯に，地震は変動帯，洪水は湿潤地域が中心，暴風雨は低緯度から中緯度の大陸東岸が中心。こうしたことと発生数，死者数，被災者数，損害額を合わせて考える。

　被災人口が多いが，死者が極めて少ないCは干ばつ。干ばつは長期間にわたる事象なので食糧援助などの対応策をとることが可能。そのため被災者の割に死者は少ない。一方，死者が多く被災者が少ないDは地震。地震は発生と同時に被災するので，干ばつのような対応は難しい。しかし，局地的な災害なので，被災者数は限られる。AとBは洪水と暴風雨となる。洪水のほうが被害が広範囲にわたり，被災者が多くなるのでAと判断する。暴風雨の被害額が多いのは，先進国を襲うことと関連する。問28も参考のこと。

【経済地理とグローバル化】【資源と資源管理】

問44　解答　④

　日本を含むいくつかの石油輸入国が，どこから原油を主に輸入しているのかについて問う問題。地球上での偏在が大きい石油は，特定の産出国（地域）から世界各地に輸出され，消費されている。地理的な近接性や政治・経済面での結びつきの強さによって，各輸入国がどこから石油を調達しているかが異なる。

　A国は，日本，中国，アメリカ合衆国が，多くを輸入している相手国であり，世界の多くの国々が石油を依存している，中東のサウジアラビアであると判断できる。とりわけ日本における依存率が高いのが特徴である。ドイツと中国の輸入量が多いB国は，同じ大陸内にあり，パイプラインを通じた送油が可能なロシアであると判断できる。旧東ドイツでは，当時のソヴィエト連邦との社会・経済的な結びつきの中で，ロシア産の石油を輸送する，ドルジバ・パイプライン（「ドルジバ」はロシア語で友好を意味する）が建設された。なお，出題は2015年のデータを元にしているが，2022年のロシアによるウクライナ侵攻後には，EU諸国でロシア産原油の禁輸措置が取られている。中国が多くを輸入しており，他の3カ国の輸入が少ないC国は，アンゴラである。2002年の内戦終結後，復興資金に対するアンゴラのニーズと中国の資源需要が合致し，アンゴラ産原油を担保にした中国による借款が進められたことが背景にある。アメリカ合衆国の輸入が多いD国は，地理的に近接しており，南米大陸で有数の産油国であるベネズエラである。

問45　表はカナダ，中国，ドイツ，日本の太陽光発電の発電量の推移である。ドイツはどれか。

（単位：Gwh）

	2005年	2010年	2015年	2020年
①	84	700	39,504	260,518
②	1,421	3,543	34,803	79,087
③	1,282	11,729	38,726	48,641
④	17	255	2,895	4,846

（IEA Statisticsにより作成）

（2018 年実施問題，一部改変）

問46　表はカカオ豆の輸出・輸入量上位5か国のものである（2013年）。Aの国はどれか。
（ ）内の数字は世界計に占める割合である。
① オランダ ② 中国 ③ 日本 ④ メキシコ

	輸出	輸入
第1位	コートジボワール（29.9）	A（21.4）
第2位	ガーナ（19.3）	アメリカ合衆国（15.1）
第3位	A（7.9）	マレーシア（10.6）
第4位	インドネシア（6.9）	ドイツ（9.9）
第5位	ナイジェリア（6.7）	ベルギー（8.0）

（データブックオブザワールド2018により作成）

（2019 年実施問題）

【環境地理と持続可能な開発】【資源と資源管理】

問 45 解答 ③

太陽光発電の普及の地域性に関する問題。太陽光発電は地球温暖化への対策のため各国で導入がすすめられているが，その進展は国によって大きく異なっている。それは各国の政策と地理的環境がかかわっているからである。

①は当初は出遅れていたが近年急速に増加させていること，またその規模が大きいことから中国と考えられる。②と③は比較的早くから導入がされてきたが，近年伸びに違いがある。②はやや出遅れの感があるが，気候的には太陽光発電が有利なので引き続き増加していることから日本と考えられる。一方，③は政策的な後押しもあって順調に展開したが，自然環境の制約から伸び悩んでいることからドイツと考えられる。④は発電規模が小さいことからカナダと判断する。

【経済地理とグローバル化】

問 46 解答 ①

中継貿易に関する問題。中継貿易とは生産国から輸入し，消費国へ輸出するという貿易形態。つまり，生産国でなくても輸出商品になりうるのである。

正解は①のオランダであるが，オランダには EU の港として知られるユーロポートがある。ここに世界各国から様々な物資が輸入されるが，多くはドイツなど EU 諸国へ送られる。したがって。オランダの貿易統計では輸出入両方に計上されることになる。そのほか，原料の加工に技術を必要とする商品では，産出国以外の国が商品輸出の上位に来ることがある。例えば，ダイヤモンドである。ダイヤモンドの場合，研磨加工して高価な商品になるので，加工技術を持った国の輸出が多くなる。現在，イスラエルやインドの主力輸出品になっている。

問47　次の表は、世界の主な国際空港の乗降客数を示したものである。「D」に当てはまる空港はどれか。

1999年 都市名/空港名	乗降客数 （千人）	2019年 都市名/空港名	乗降客数 （千人）
ロンドン/ヒースロー	54,838	C	86,329
パリ/シャルルドゴール	38,157	ロンドン/ヒースロー	76,044
A	37,087	アムステルダム/スキポール	71,680
アムステルダム/スキポール	36,271	香港／香港国際	71,288
香港／香港国際	29,063	ソウル/インチョン国際	70,578
ロンドン／ガドウィック	27,635	パリ/シャルルドゴール	69,823
シンガポール/チャンギ	24,490	シンガポール/チャンギ国際	67,601
B	22,503	A	63,068
ブリュッセル/ブリュッセル	19,967	D	52,934
チューリッヒ/チューリッヒ	19,385	台北/台湾桃園国際	48,360

①ドバイ/ドバイ国際　　　②成田/新東京国際
③バンコク/スワンナプーム国際　④フランクフルト/フランクフルトマイン

出典：データブック　オブ　ザ　ワールド2022ほか

（2023 年実施問題）

問48　表は，平成18（2006）年以降の参議院議員選挙における選挙区の定数の変化を示している。①～④は，宮城県，埼玉県，大阪府，福岡県のいずれかである。　宮城県はどれか。

	平成18年 （2006年）改正	平成24年 （2012年）改正	平成27年 （2015年）改正
東京都	10	10	12
①	6	8	8
②	6	6	6
③	4	4	6
④	4	4	2

出典: https://www.sangiin.go.jp/japanese/san60/s60_shiryou/senkyo.htm

（2020 年実施問題）

58

【経済地理とグローバル化】

問 47　解答　③

　世界の主な国際空港の乗降客数の変化について問う問題。ロンドン・ヒースロー空港，アムステルダム・スキポール空港，香港国際空港は 20 年を経ても乗降客数世界トップクラスの地位を保っている。一方，20 年間で大きく順位の変動を経験した空港も見られる。この要因としては，国際情勢やそれに影響されやすい航空会社のネットワーク，そして各国における空港の整備状況などが挙げられる。

　A は 1999 年には世界 3 位であったが，2019 年では 8 位となっているものの，乗降客数は増加している。早くから世界的なハブ空港となっており，現在もその役割は変わっていない空港と考えられる。以上から④（フランクフルト）と考える。B は 1999 年は世界 8 位であったが，2019 年はトップ 10 から陥落している。他の空港（ソウル / インチョン空港および羽田 / 東京国際空港）の発展により地位が低下している空港であり，②（成田）が該当する。C は 1999 年ではトップ 10 に入っていなかったが，2019 年では世界 1 位となった新興の空港である。これは①（ドバイ）で，この空港を本拠地とする航空会社の路線のネットワークが近年急速に広がっており，世界的なハブ空港としての役割が高まっている。D は 1999 年はトップ 10 に入っていなかったものの，2019 年には世界 9 位となった。近年，国の発展とともに利用者数が著しく伸びている③（バンコク）で，世界各地を結ぶ航空路線が年々増加し，ハブ空港としての重要度が増している。東南アジアでは，シンガポール空港など周辺国の空港との競争が激しくなっている。

【人口と人口変化】

問 48　解答　④

　日本の参議院議員選挙では，都道府県を単位とした選挙区選挙が行われている。議員の任期は 6 年間であり，3 年ごとに半数の議員が改選となる。選挙区ごとの一票の格差を小さくするために，直近の国勢調査による人口（厳密には，有権者数）に基づいて，定数の是正が行われている。国勢調査は，5 年ごとに，西暦が 5 の倍数の年に実施される。したがって，平成 17（2005）年国勢調査の結果による定数是正が平成 18（2006）年に，平成 22（2010）年国勢調査の結果による定数是正が平成 24（2012）年に，平成 27（2015）年国勢調査の結果による定数是正が同年に，それぞれ実施された。

　本問では，この期間の日本の人口に大きな増減がなかったことを前提に，各国勢調査年における，選択肢の 4 府県の人口およびその増減を想定して，①～④に該当する府県を考える。それぞれの特徴をみると，①は，比較的人口が多く，2010 年にかけて人口が増加したと考えられる。②は，この期間の定数に変化がなく，大幅な人口増減が見られないと考えられる。③では，2015 年にかけて人口が増加し，④では逆に，2015 年にかけて人口が減少したことがわかる。それぞれに該当する府県は，①が大阪府，②が埼玉県，③が福岡県，④が宮城県である。②と③の判別はやや難しいかもしれないが，④の選択はさほど難しくない。宮城県は地方中枢都市の仙台市を抱えているが，県全体では人口の減少が進んでいる。2015 年にかけての人口減少は，東日本大震災による影響もみられた。

問49　各国の貿易について次に示されるグラビティモデルが成立するものとする。
貿易額が最も大きくなるのはどれか。

$$貿易額_{ij} = \alpha\, GDP_i GDP_j / 距離_{ij}$$

αは係数

GDP	千億ドル	距離	千Km
A国	50	A-B	2
B国	100	A-C	10
C国	200	B-C	12
D国	15	C-D	1

①　A-B国間
②　A-C国間
③　B-C国間
④　C-D国間

（2020 年実施問題）

問50　次の表はある高校の修学旅行の往路の日程である。往路の所要時間はどれか。
（※プノンペンの標準時経線　東経105度）

日時	発着地／滞在地	予定時間（現地時間）
5／20	東京／羽田空港 発	午前11時
	カンボジア／プノンペン国際空港 着	午後 5 時

①4時間　②6時間　③8時間　④10時間

（2018 年実施問題）

【経済地理とグローバル化】

問 49　解答　④

　グラビティモデル（重力モデル）が成立すると仮定した場合に，仮想の 4 カ国において，貿易額が最も大きくなる 2 国の組み合せを計算する問題。

　貿易額は，2 国の GDP の積を，2 国の距離で割った値に係数をかけて算出されるという法則なので，①～④における（2 国の GDP の積）÷（2 国間の距離）の値を，条件に当てはめて実際に計算してみる（係数 α は共通なので無視して差し支えない）。

　以下の記述では，GDP と距離の単位（それぞれ，千億ドルと千 km）は省略する。

① A-B 国間：$50 \times 100 \div 2 = 2500$

② A-C 国間：$50 \times 200 \div 10 = 1000$

③ B-C 国間：$100 \times 200 \div 12 = 1667$

④ C-D 国間：$200 \times 15 \div 1 = 3000$

　よって，最も貿易額が大きい 2 国の組合せは④となる。

【地図スキル】

問 50　解答　③

　国際的な移動の際に生じる時差に関する問題。日本標準時（JST：Japan Standard Time）は東経 135 度（日本標準時子午線）を基準に設定されており，世界協定時（UTC：Coordinated Universal Time）より 9 時間進んでいる。カンボジアは標準時子午線が東経 105 度に設定されていることから，UTC よりも 7 時間進んでいることがわかる。つまり，日本よりも 2 時間時刻が遅れているということになる。

　東京・羽田空港を 11 時に出発し，カンボジア・プノンペンに 17 時（午後 5 時）に到着するとされている。プノンペンの 17 時は，2 時間進んでいる東京の $17 + 2 = 19$ 時である。よって，東京からプノンペンまでの移動にかかった所要時間は $19 - 11 = 8$ 時間である。この問題は比較的単純な問題であるが，日付変更線をまたいでの移動やサマータイムを考慮しなければならない地域を絡めた出題がなされることもありうる。グローバル化が進展した現代においても時差は越えられない「壁」かもしれない。移動は伴わないオンライン会議を行う際も相手側の時刻は十分考慮する必要がある。

【コラム　大学入学共通テストとマルチメディア試験】

　まず出題の形式面から両者を比較してみよう。共通テストは試験時間 60 分で 30 問程度の問題が出題される。マークシート形式で，多くは 4 択問題である。また，写真や地図，統計図表（以下，地理資料）を活用した出題が大多数を占めるのも大きな特徴である。例えば，2023 年 1 月本試験地理 B では，31 問中 18 問が 4 択であり，すべての小問で地理資料が活用されている。一方，地理オリンピックのマルチメディア試験（以下 MMT）は試験時間 60 分で 50 問，CBT 形式で全問題が 4 択となっている。また，ほとんどの問題で地理資料が活用されている。つまり形式的な面で，両者は極めてよく似ている。ただし，MMT は CBT（コンピュータを用いた試験）で，問題はディスプレイに投影され，1 分で切り替わる点と英文問題が 2 割含まれる点については注意が必要である。

　次に内容についてみてみると，共通テストは授業場面を設定した大問や探究的な大問など，大問構成に特徴がある。一方，MMT は小問単位で大問構成ではない。ここでは小問単位にしぼり，出題内容を比較してみたい。

　どちらの問題も，資料を読み取る地理的スキルが必要で，その読み取り内容とこれまで学んできた地理的知識とを総合的に考え合わせて解答を導く形式といえる。したがって，地形図の読図や統計グラフの読解力は必須である。また，教科書レベルの用語に関する概念的知識はおさえておきたい。細かな地理的知識は必要としない。むしろ「ヒートアイランド現象」とか「都市化」というような地理の概念を，様々な出題に当てはめ活用できるようにする学習法が望まれよう。

　このように両者の出題内容は類似しているが，地理的知識に関する問はやや MMT の方が多い。また「問題を読んでから解答までの距離（思考過程）」が短いといえる。それは MMT の問題は 1 つの画面におさめられており，1 分で問題が切り替わるためである。つまり，原則この時間内で解答が導けるように作問されている。このため，共通テストに見られるような複数の地理資料を読み取り考察する問題（思考過程の長い問題）は出題しにくい。したがって，MMT の方が地理的思考力を端的に尋ねている。つまり複雑な問い方や試行錯誤するような出題はされないので，むしろ地理学習のエッセンスを確認しやすいといえるだろう。

　以上，共通テストと MMT の比較をしてきた。形式的には両者は類似しているし，内容的にはどちらも地理的思考力を問うている。しかし，MMT は地理的知識の確認問題がやや多く，地理学習のエッセンスをシャープに問われている。大学受験向けの地理学習（共通テスト受験対策）をはじめるとき，基礎力がついた段階で実践演習をはじめることになるだろう。その際，まず MMT 問題を活用することは有効な方策としておすすめである。

【第二次試験 - 記述式試験（WRT）】

Q. 記述式試験はどんな試験ですか？

A. この試験は，様々な地理的な事象や地域の課題等に関する問いについて，地図（地形図や統計地図を含む）・図・表・景観写真などの資料を手掛かりに解答するものです。試験は 5 〜 7 の大問で構成されており，国際地理オリンピック（iGeo）のガイドラインによる 12 テーマ（p.160 参照）から出題されるほか，世界大会の開催地に関する地誌的な大問が出題されることもあります。なお，問題の約 2 割は英語で出題され，英語で解答します。

年	大問数	iGeo ガイドラインのテーマ（1 〜 12 の内容は p. 160 参照）												地誌的な大問	資料数
		1	2	3	4	5	6	7	8	9	10	11	12		
2019	7				○○		○	○		○	○			○	38
2020	7		○		○	○	○					○	○	○	45
2021	6		○				○	○				○		○○	51
2022	7			○○	○	○			○			○	○		47
2023	6	○			○			○	○			○		○	55

Q. 解答形式や試験時間はどのようになっているのですか？

A. 解答の形式は，正しいものを選ぶ選択式，名称や用語を単語で答えたり事実を短文で答えたりする短答式，根拠を挙げて説明・比較・類型化等を行う説明式，地形断面図や等温線図等を作成する作図式の 4 つに区分することができます。このうち説明式は，複数の資料を適切に読み取り 2 〜 3 行で記述する形式が多いです。試験時間は 2 時間で，解答用紙は A4 用紙 5 〜 6 枚分程度です。

年	解答数	選択式	短答式	説明式					作図式	その他
				理由	比較	類型化	提案	その他		
2019	44	2	7	20	12	1	1	0	1	0
2020	45	3	13	25	2	0	2	0	0	0
2021	49	3	12	19	7	2	3	0	3	0
2022	45	6	5	23	5	0	3	1	1	1
2023	44	6	4	23	7	1	1	0	2	0

Q. 多くの知識がないといけないでしょうか？どんな力が求められるのでしょうか？

A. iGeo のガイドラインは，地図スキル・探究スキル・グラフィカシースキル（映像・

写真・統計・グラフ等を読み，分析し，解釈する能力）の 3 つを求めています。国内大会でも同様に細かい知識ではなく，様々な資料を適切に読み取り表現する力が求められます。

　現行の学習指導要領は，基本的知識を基礎とした思考力・判断力・表現力や態度的な側面を重視しており，「地理的な見方・考え方」は，記述式試験で求められている能力とも合致しています。記述式試験では現代の幅広い社会事象を素材とした設問が多く，学校での地理学習を基礎として，日頃から「その地域がどのような特色を持っているのか，どのような課題を抱えているのか，その課題に対してどのような対応が考えられるか」といった問題意識をもつように心掛けてください。

| 幅広い社会事象を素材とした設問テーマ例 ||
年	内　　容
2019	世界規模での土地購入
2020	屋久島における観光公害
2021	トルコにおける新運河建設問題
2022	資源としての砂
2023	インドネシアにおける首都移転のデメリット

Q. どんな内容が出題されますか？

A. 自然地理と人文地理の両方から幅広く出題されています。世界大会では自然地理と人文地理がほぼ半々で出題されていますが，国内大会では，日本の地理教育の現状をふまえて人文地理の比率が高めになっています。近年は，グラフィカシースキルを計ることを意識した，複数の資料を用いて説明させる設問が増加傾向にあります。

　また，地理的な諸課題を把握・分析し解決策等を提案する形式の問題が，ほぼ毎年出題されているのが大きな特徴です。これは，世界大会が求める「地理力」である「地理的な諸課題を見出す能力（思考・判断・表現）」だけではなく，「解決策の提案能力と地域政策への提言能力（参加・行動）」までを計るための設問といえます。

| 地理的な諸課題を把握・分析し
解決策等を提案する形式の設問テーマ例 ||
年	内　　容
2019	別荘型住宅地における定住化への提案
2020	オーバーツーリズム改善への取組案
2021	日本の少子化対策への提案
2022	シシ垣を活かした地域活性化への提案
2023	途上国における食品ロス改善への提案

Q. 英語による問題が出るそうですが英語力に自信ありません。大丈夫ですか？

A. 英英辞典・英和辞典・和英辞典の利用は可能（電子辞書は使用不可）です。記述式試験では提示資料の読み取りが重要ですので，文法的には間違いがあっても，地理的なポイントを押さえられていれば得点となりますので，それほど心配する必要はありません。なお，解答が英語でも日本語でも，様々な提示資料から解答の根拠を読み取り，資料中の数値や地名等を用いて具体的に答えるように心掛けてください。

問題や資料のカラー版は，国際地理オリンピック日本委員会の
ウェブサイト（https://japan-igeo.com/）に掲載されています。

自然地理的な内容をテーマにした問題

【地図を判読して説明する気候の問題】

問1　図1のアとイは, ハワイ島における降水量と標高分布のいずれかを示したものである。

（1）アとイのうち, 降水量の分布を示したものはどちらか答えなさい。

（2）そのように判断した理由を地形性降雨との関係を含めて説明しなさい。

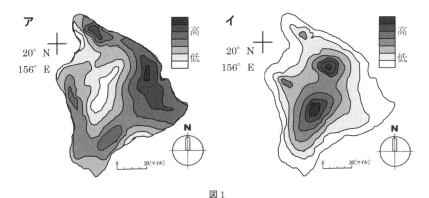

図1

（仁科淳司（2003）『やさしい気候学』古今書院より作成）

（2018 年実施問題）

地図の判読は地理の重要な技能です。「判断した理由」を問う問題は，理由を説明する能力を問うためによく出題されます。大気の大循環の恒常風を基本にした問題です。

　図1の凡例を見ると，「高低」の表示のみで，実数では書かれていません。そのため，そこから「降水量」と「標高分布」は判断できません。ハワイ島が火山島で標高 4,000 m を超えるマウナケア山とマウナロア山があり，その2つの火山は粘性が低く，さらに流れやすい溶岩からなるなだらかな円錐形の楯状火山である，ということを知っていれば，「標高分布」を解答することができそうです。しかし，そのような知識がなくても，地理的な現象の基礎を理解していれば解答することが可能です。アとイの図の左には緯度と経度が書かれています。北緯 20 度，東経 156 度は，北半球の太平洋上になります。図の下のスケールを見ると，1マイルは 1.6 km なので，島の一周が 300 km を超える大きい島（日本の四国は1周約 1,000 km）であることもわかります。ここでは，3つに分けて考えていきます。

　①：アとイのいずれかは「降水量」なので，この場所（緯度）に特有の気候（降水）現象であることが推定されます。もう1つは「標高分布」なので，地形（山）と降水量の関係が疑われます。②：雨雲ができる一般的しくみは，温かい空気が上空へ上がるにしたがって冷やされ，水蒸気が結露して雨雲がつくられます。そこは地面が熱せられている場所です。ここでは，山がある場所で山を越えるような湿った風が吹く場合を考えましょう。その場合，熱ではなく，山の地形に沿って湿った空気が上昇して，その空気が冷やされ雨雲をつくります。これが問題文中に出てきた「地形性降雨」です。③：緯度「20 度」に注目すると，この辺りは大気の大循環のうちの貿易風が吹く場所です。北緯 20 度付近は北東貿易風（北東から南西方向に吹く風），南緯 20 度付近は南東貿易風（南東から北西方向に吹く風）が年間を通じて吹いています。

　①～③を組み合わせると，図1の右上から吹くのが北東貿易風で，島の高い山によって風上側（風の流れの上流側）で上昇気流が起こり，島の北東側で降水量が多くなることが推定されます。さらに，その風下側では降水量が少なくなります。これがフェーン現象です。この現象を図1に当てはめると，アが「降水量」で，イが「標高分布」となります。「判断した理由」を説明する問題では，このように地理的な現象を根拠にして考え，説明することになります。恒常風が卓越する場所で起こる地形性降雨は，南緯 20 度付近の南東貿易風によるマダガスカル島，南緯 40 度付近の偏西風によるニュージーランド南島などでもみられ，ハワイと同じく，山を挟んだ風上側と風下側で降水量が大きく異なる地形性降雨が知られます。

　世界の風については過去に，レスの分布から恒常風を答える問題が出題されました。2023 年には，次ページの1月と7月の世界の風を示した地図をもとに，①と②のどちらが1月の地図であるか，そして，その解答の理由を「恒常風」をキーワードにして解答する問いが出題されました。これも恒常風の知識をもとに，北半球と南半球の夏と冬を判読すること（例えば貿易風の夏・冬の位置の違い）が鍵となります。①が1月です。

問 1　解答例

(1) ア

(2) ハワイ島付近は北東貿易風が卓越する緯度に位置するため，風上側となる山の北東側に地形性降雨が卓越すると考えられる。したがって，イは島の中央に位置する山を示し，アはその山の北東側で降水量が多くなることを示していることから，アは標高分布と判断した。

★ 2023 年出題の問題

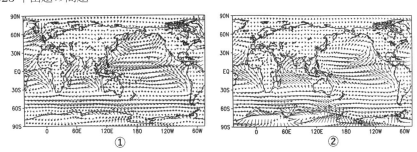

①　　　　　　　　　　　　　　　②

注) いずれも 1981 年〜 2010 年の平均値。矢印が長いほど風速が大きいことを意味する。

（日下博幸 (2013)『学んでみると気候学はおもしろい』ベレ出版より作成）

【自然環境と人間活動の両面から思考する問題】

問 2　図 2 は，海洋に浮遊するプラスチックごみ（大きさ約 5 〜 200 mm）の密度を推定した地図である。

(1) 北半球でプラスチックごみの密度が高い場所の理由を社会条件に着目して述べなさい。

(2) 特にプラスチックごみの密度の高い海域Xの自然条件を説明しなさい。

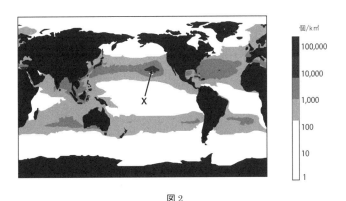

個/km²

図 2

注) 2007 〜 2013 年のデータを基にした結果を示している (Marcus Eriksen et al. 2014. Plastic Pollution in the World's Oceans: More than 5 Trillion Plastic Pieces Weighing over 250,000 Tons Afloat at Sea. PLOS One, December 10. より作成)

（2020 年実施問題・一部改変）

自然環境と人間生活の両面から考えていく問題は，第二次試験や世界大会の筆記試験でも出題されます。地理の自然環境分野は地学と重なりますが，自然現象と人文現象を合わせて考えるのは地理ならではの視点です。

(1) 川から海へと排出されたプラスチックごみは，微細な「マイクロプラスチック」として分解されずに海洋に残り，世界的な環境問題として注目されています。図2の右側の凡例では，色が濃いほどプラスチックごみの密度が高いことを示しています。図2は約5〜200 mmのプラスチックごみですので，その軽さからプラスチックごみは海を漂流していることが想像されます。そして，図2からはプラスチックごみの分布が偏っていることが読み取れます。赤道の位置に線を引いてみましょう。(2) の解答に関係しますが，海流の循環が関係していそうです。海流の循環をふまえて，プラスチックごみの密度が高い場所を見ていくと，中国，日本列島からその東方の海域，地中海，アメリカ東岸から大西洋で，それに続いて，南アジアから東南アジア，メキシコ湾，インド洋のオーストラリア西方，アフリカと南アメリカの間の海域などが目立ちます。プラスチックごみの生産と消費が多いのは，人口が多い国や経済的に進展した国・地域が考えられます。それに該当する国・地域として，アメリカ，ヨーロッパ，日本，中国，インド，東南アジアが浮かびます。「述べなさい」という問いは，根拠を書く必要はありません。なお，アラスカなどアメリカの西海岸には，東日本大震災時に津波で流されたものが大量に漂着したことも報道されました。そのようなニュースも解答のヒントになるでしょう。

(2)「説明しなさい」という問いは，根拠を示す必要があります。図2を見ると，地中海，ベンガル湾，南シナ海では，プラスチックごみの出口が塞がれているように見えますが，日本列島東方の太平洋とアメリカ東方の大西洋では黒潮（日本海流）やメキシコ湾流によって流されているように見えます。これらの海流は，地図帳の世界の海流の図にある通り循環しています。例えば，北半球の黒潮は，北太平洋を東に流れ，その後，カリフォルニア海流がアメリカ西海岸沿いに南下して，北赤道海流がフィリピン諸島や日本列島に向かうという時計回りの流れが見られます。しかしながら，このように循環していれば，その海流系に沿ってプラスチックごみが帯状に分布してもよさそうですが，そのようには広がっていません。そうすると，海域Xでは，時計回りに流れる海流の渦の内側のような場所に位置しているように見えないでしょうか。その海流の循環と渦のパターンは，北大西洋や南アメリカの両岸の太平洋沖，大西洋沖のプラスチックごみにも当てはめることができそうです。

> 問2　解答例
> (1) ヨーロッパ，北アメリカ，南アジアから東アジアにかけて，人口が多く，経済活動が活発なエリアの周辺に広がる。
> (2) 北半球の時計回りに流れる海流の中心部は渦のようになり，そこにプラスチックごみが溜まっている。

【自然災害を軽減する方法について考察する問題】

問3　図3は日本の一級河川 Y 川の一部における，標高50 m 間隔の等高線と空中写真を示している。Y 川の両岸には「遊水地」が設けられている。図3で示す場所に，なぜ「遊水地」が設けられたのか。自然環境と社会環境に着目して説明しなさい。

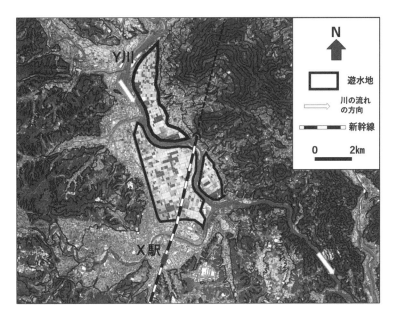

図3

注）新幹線は橋で遊水地を通過するため，新幹線は遊水地の設置とは関係ないものとする（地理院地図より作成）

（2021 年実施問題）

この問題も自然環境と人間生活の両面から考えていく問いになりますが，ここでは特に自然災害に関係する遊水地の計画について，川の特性と地形に焦点を当てた説明が必要になります。計画を立てたり，その計画の理由について説明したりする問題は世界大会でも出題されます。

遊水地とは，普段は水が貯水されていませんが，川の増水時に水を一時的に貯水して，川の周辺や下流地域などの浸水被害を軽減することを目的に計画されます。遊水地はどこにつくっても効果が得られるわけではなく，効果を上げるために，しかるべきところに設けられます。しかるべきところというのはどこなのかを，図3から読み取った結果を根拠にして4行程度で説明してみましょう。

答案例：山から流れてくる急流のY川の水が増水して川に流れ，その水を遊水地で貯めておかないと川があふれてしまう可能性がある。そこで，低地に遊水地を設けて街の浸水を防ぐために遊水地を設置した。

この答案は，遊水地の機能については説明できていますが，洪水が起こる場所の特徴を図中からとらえることができていないようです。遊水地が必要という，洪水が起こりやすいこの場所ならではの条件を地図から探していきましょう。図3の等高線を読み取ると，Y川は遊水地の東端のすぐ先で，V字谷の峡谷なっています。専門的には，このような場所は狭窄部（きょうさくぶ）と呼ばれます。狭窄部は漏斗（ろうと）のように地形が細くなっていますので，増水時に狭窄部でY川の水の流れが詰まることで，上流側であふれてしまう可能性が出てきます。周辺には市街地が見られますが，遊水地の場所まで市街地が広がると，浸水の危険がより高まります。そこで，あふれる可能性がある場所を遊水地に指定して，遊水地に意図的にあふれさせることで，市街地への浸水を防いでいます。もう1つは，X駅の近くを流れる支流はY川に合流しています。前述のように，Y川は狭窄部の上流側で増水しやすい条件があります。そこに合流する支流の水はY川に入ることができずに，あふれてしまう可能性があります。そのため，支流とY川の合流点に遊水地を設けて，X駅付近の市街地への浸水を防いでいるともいえます。

ここに挙げたことを解答欄に書きますが，この問いの解答欄は4行です。「説明しなさい」という問題ですので，根拠を挙げて4行に要領よくまとめる必要があります。ポイントは，①：狭窄部があるためY川があふれる可能性，②：支流とY川の合流点の水害の危険性，③：遊水地にあふれさせることによる市街地への浸水の軽減です。

問3　解答例
Y川は盆地状の平野を過ぎると川の両岸が狭くなる。増水した場合，この狭くなった地形に入りきれない川の水が盆地の市街地にあふれる可能性がある。また，X駅方向から流れる支流の水はY川に流れることができずに，Y川の水が支流に逆流して市街地にあふれる可能性もある。そのため狭くなった地形の上流側で，川の合流点でもある低地を遊水地とした。

【地形図を読み取る技能の問題】

問4　図4はアメリカ合衆国の地形図，図5は日本の地形図である。

（1）図4，図5のX－Yにおいて，両者に共通する地形の断面を描きなさい。

（2）図4，図5の両者の地形をつくる共通の条件と地形の特徴を説明しなさい。

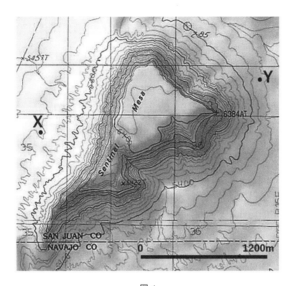

図4

（USGS The National Map Viewer より作成）

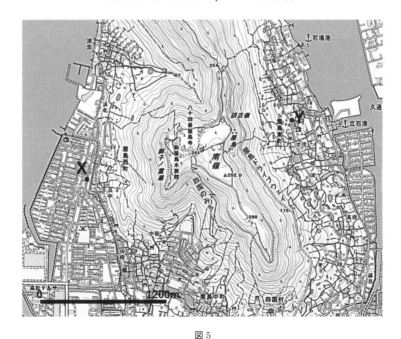

図5

（地理院地図より作成）

（2021年実施問題・一部改変）

地形図は地表の自然や人間の生活を表現していることから，地域を調べるための重要なツールとなっています。ここでは地形を読み取る技能と，地形ができる条件を考える問題にチャレンジします。

(1) 地形断面を描く基本は，まずX－Yに線を引き，その線と等高線の交点の標高を読み取ります。水平方向に対して垂直方向（標高）を強調します。ただし，この問いでは，細かく描くよりも，図4と図5に共通する地形を想像して，おおよその断面を描くことが求められます。

答案例：

　図4，5とも山頂部がほぼ平らな台形状の地形です。答案例は直線的ですが，等高線をよく見ると，両者ともに直線的な地形ではありません。重要なポイントは，山頂直下では等高線の間隔が密になっていて急な崖になっていますが，山麓では等高線の間隔が開いています。X－Y間の山麓部は緩く傾斜しています。等高線の間隔の違いは地形の傾斜の違いを示していますので，そのような地形の特徴に注目して，地形の横断面を表現しましょう。

(2) 両図の台形状の地形の特徴は，山頂は平坦，山頂直下は急な崖，山麓はなだらか，という地形でした。(2) は，このような地形がなぜできたのかという問いになります。(2) の満点の正解者は多くはありませんでしたが，答案例のように部分的な正解者は多くいました。

答案例：硬い地層と軟らかい地層が広がる地域にあり，そのうちの硬い地層によってテーブル状の地形ができた。

　この地形は「メサ」とよばれる地形です。「メサ」は水平な地層が侵食されてできたテーブル状の地形と説明されます。地図帳の1つには模式図で「メサ」の地形断面が示され，山頂部に硬い岩石の地層，その下に軟らかい岩石の地層が描かれています。図4，5では，山頂直下の急な崖の部分が硬い地層で，山麓の緩やかな部分が軟らかい地層になります。山頂部の水平に広がる硬い地層の上は，侵食が進まないため平坦な地面になります。答案例では，「硬い地層」と「軟らかい地層」という条件を説明していますが，解答例のように，「上層」，「下層」という位置的な関係や「侵食の抵抗力」のようなキーワードをもとに説明すると良いでしょう。

問4　解答例

(1)

(2) 急崖の部分は硬い地層で，そこは侵食の抵抗力が強いため山頂部の平坦な地形をつくった。緩やかな傾斜の部分はその下層にある軟らかい地層で，上層の硬い地層に覆われているため侵食から取り残された。

【図を描いて説明する問題】

問 5　この図は日本の東北地方のある地域を示している。図 6 の C 湖と D 湖の間には地形群 X が見られる。図中の破線の囲みの地形を描きなさい。また，地形群 X の成因について，解答欄に描いた図中に説明を加えなさい。

図 6

注）等高線は 100 m 間隔である（地理院地図より作成）

（2022 年実施問題・一部改変）

世界大会の問題では，説明文による解答だけでなく，模式図などの図を描き，描いた図に説明を加える問いが出題されます。地理の教科書や資料集には多くの模式図が掲載されていますが，地理オリンピックでは，そのような模式図を描いて説明する技能が求められます。

　図 6 はインターネット上で閲覧可能な地理院地図で，等高線と地形の陰影を重ねた地図になります。地形群 X は C 湖に島として点在していて，陸上にも島状に散在しています。破線の囲みの左側（南側）には円錐形の山があります。この山の山頂には噴火口のような凹地があり，火山のように見えます。この山のすぐ右側（北側）の等高線を読むと谷状になっています。そこから地形群 X まで広がる緩やかな斜面は，左（南）から右（北）へ扇状に流れたように見えます。その扇状の地形の先に地形群 X があります。そうすると，地形群 X は図の左の火山が何らかの影響で崩壊して，図の右方向へと流れ下り，地形群 X は流れてきた堆積物であることが推定されます。なお，地形群 X のような島状の堆積物は「流れ山」と呼ばれます。この流れてきた土砂によって川がせき止められて，C 湖や D 湖ができているようにも見えます。このような説明を図に描くことになりますが，時間の制約もありますので綺麗な図を描く必要はありません。ただし，問 4 で確認したように，地形が急傾斜，緩傾斜を示すところなどのポイントは描きたいところです。

　例えば，図 6 の左から右に向かって断面図を描いて，そこに矢印などを使って成因を説明するのはいかがでしょうか。他にも，立体的に山を描いてから，土砂が C 湖の方向へ流れる様子を描く方法もあります。断面図に描くとした場合は，地形群 X と山の標高差が 800 m ある山であることも確認したうえで描きたいところです。解答例では，地形群 X がどのようにできたのか，地形の状況をもとにストーリーを思い描いて，図中に説明付きで表現しました。問題文には「東北地方」とありましたので，火山活動が活発な地域であることも推定されます。解答例では山が崩れた原因として火山活動を挙げています。ほかにも強い地震なども崩壊の原因として十分に考えられます。解答が 1 つではない問題といえます。

問 5　解答例

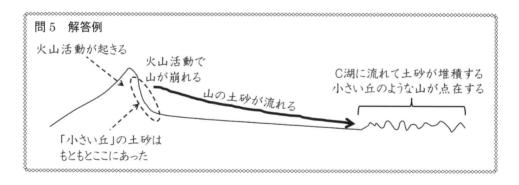

【地形の動きを思考する問題】

問 6　近年，砂が資源として注目されている。

(1) 図 7，図 8 は，河川沿いの砂を採掘したときの流路や川底の変化を模式的に示したものである。各図は（a）→（b）→（c）または A → B の順に変化する。これらを参考に，図 9 のような場所で砂を採掘した際に懸念されることを，人間生活と関連させて説明しなさい。

(2) 河川上流において大量に砂を採掘し続けることによって，下流域にはどのような影響が及ぶか説明しなさい。

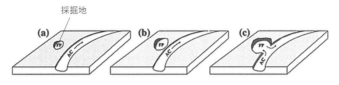

図 7　砂の採掘と流路の変化

（Padmalal & Maya（2014）Sand Mining.Springer より）

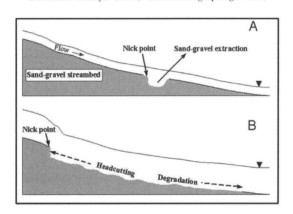

図 8　砂の採掘と川底の変化

（Padmalal & Maya（2014）Sand Mining.Springer より）

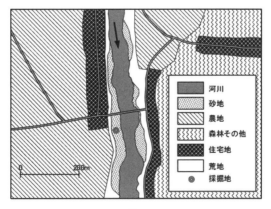

図 9

（2022 年実施問題・一部改変）

複数の図から地形をつくるメカニズムをとらえ，それを実際の場所に当てはめて，どのように地形が変化するのかを考える問題です。実際の地形変化を想像しながら解答しましょう。

　地形は，扇状地，三角州などのように，上流で侵食された砂礫や泥などが下流に運搬されて，流れの弱くなった場所で堆積することでつくられます。川の地形は，侵食－運搬－堆積という川の三作用で考えていきます。

> （1）の答案例：「砂の採掘が行われることで，川底の砂が少なくなっていき，徐々に採掘地が拡大して，住宅地と採掘地が隣接するようになる。」

　（1）答案例は，川底の砂が少なくなるメカニズムをもう少し詳しく説明したい答案です。図7，図8を根拠にしてから，図9の問題となる場所に当てはめたいところです。図7は，川の近くの採掘地で砂の採掘が拡大していくと，隣接する川と採掘地がつながり，やがて川の侵食で採掘地が拡大していく現象を説明しています。図8の「Nick point」は「遷移点」，「Sand-gravel extraction」は「砂礫の抜き取り」という意味です。図8を見ると，川の砂を掘り出すと，「遷移点」が上流側に移動していることがわかります。「Headcutting」は専門的な言葉ですが，「遷移点」の頭が上流側へ後退しているという意味で，ここでは「侵食の最前線」と訳しておきます。ただし，英語がわからなくても，図から，川底で一度採掘がはじまると，川の底が深くなり，その深まりが上流側へと拡大して，下流側の川底も深くなっていく過程が解釈できます。図9を見ると，採掘地から数十mの上流側には「橋」があります。100mの長さの橋であれば，橋の間に橋脚があるでしょう。採掘地の両岸には住宅地が並び，農地が広がっています。図7，8のメカニズムを考えれば，上流におよぶ川底の侵食は，橋脚の足もとを深く削る可能性があり，採掘地が拡大して両岸の住宅地や農地にも川の侵食がおよぶ可能性があります。

　（2）川の砂は，洪水時に川の流速が増すと川底の砂は運搬されはじめて，流れの弱くなった下流部で堆積します。図7，8のしくみをふまえると，一時的には川底が侵食されるので，下流への土砂の供給は増えることが予想されますが，採掘が進んで川底や川の周辺の砂がなくなれば，運搬されるはずの砂がやがてなくなってしまいます。砂が流れなくなったと考えると，下流におよぶ影響が想像できます。日本ではかつて川の砂礫を建設資材として多く採掘していました。すると，下流の河口周辺の海岸に砂が供給されなくなったために，砂浜の侵食が進んだというような例がみられました。

問6　解答例

（1）採掘した場所が拡大し，最終的には上流部分も含めて河川の幅が広くなる。それによって，川沿いにある農地や住宅地が流出したり，橋脚を支える土砂が侵食されることで，橋が崩落したりする可能性がある。

（2）砂の採掘によって自然に運搬されるはずの砂が採掘されることで，下流に三角州があった場合，三角州に供給される土砂の量が少なくなるため，三角州の海への前進がなくなる。

【グラフと地図を関連させる問題】

問7　図10は国内のある都市域を流域とするX川の流量の推移を，図11はX川の流域の土地利用の変化を示している。図10の流量は，1958年と1985年のX川の同じ観測点（図11中のA）における，同じ雨量を想定して水の流出を計算した値である。1958年と1985年の流量の推移に着目して，なぜ2つの曲線は異なっているのか，図11をふまえて比較しなさい。

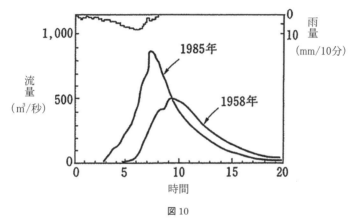

図10

（鮭川登ほか（1992）『河川工学』鹿島出版会より）

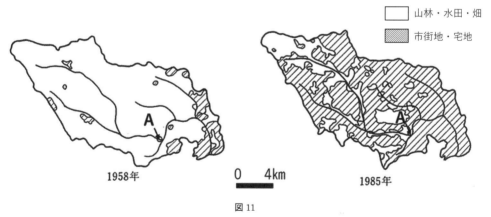

図11

（鮭川登ほか（1992）『河川工学』鹿島出版会より）

（2022年実施問題）

地理の研究には，ある地域の過去と現在を比較したり，2つの地域を比較したりして，地域の特性や変化を明らかにする方法があります。その方法に準じて，第二次試験では「比較しなさい」という問いが出題されます。新旧年次のグラフと地図を組み合わせて答える問題です。

問題文に「流域」という言葉が出てきます。「流域」は川をとらえるうえで重要な概念です。流域に降った雨は最終的に川となって海などへ流れます。例えば，流域が広ければ，広い分だけ多くの水や土砂が下流に流れることが想像されます。この問題のポイントは，流域が森林に覆われている場合と，流域の都市化が進んだ場合とでは，川に流れる水の水量に違いが生じるという現象です。

答案例：流域に降った雨はコンクリートやアスファルトに覆われているため，地下に水が浸み込みにくく，地表を流れる。その結果，多くの雨水が短時間に川に集まって，最大の流量が 900 m³/ 秒に達した。

答案例は，都市化することで，雨水が短時間に川に集中することをグラフの数値を使って説明している良い例です。しかし，答案例は「比較」がされていないので，新旧2つの曲線の違いがわかりません。2つの年代を比較しながら理由を説明するようにしましょう。答案例の「短時間に川に集まって」というのを図10で確認します。川の流量が上昇を始めてから縦軸の 500 m³/ 秒に達した時の横軸の時間を見てみましょう。1985 年は 3時間強ですが，1958 年は 4時間強かかっています。1985 年はさらに流量が上昇を続けます。1985 年は川の流量が上昇を始めてから 4時間後にはピークに達し，1958 年と比べて，最大の流量は約2倍の流量になっています。1985 年は 1958 年よりも早く流量が少なくなるのも特徴です。一方の 1958 年は流量のピークは 1985 年よりも低いですが，1985 年と比べると，横軸の「10 時間」以降も流量が多くなっています。

それでは，なぜこのような現象が起きるのでしょうか。問いは2つの流量の違いの理由を説明するようにと指示しています。図11では，1958 年から 1985 年の間に上流の「山林・水田・畑」が大きく縮小し，9割ほどが「市街地・宅地」に変わりました。この土地利用の変化をもとにして，答案例にあるように，都市化によって川へ雨水が集中したことに加えて，森林の土壌が水を貯える機能をもつことを説明することになります。流域の上流の開発は，下流の水害や治水に影響することが図10のグラフに反映されています。気候変動による自然災害が注目されていますが，流域という概念が治水の上でも重要で，最近では「流域治水」が注目されています。

問7　解答例
1985 年は市街地・宅地が増加していることから，アスファルトなどに覆われた市街地では雨水の地中への浸み込みが少ないため，降雨後の短い時間にX川に水が集中する。一方で，1958 年には市街地は少なく山林や田畑が広がることから，そこは地中に雨水を貯めることが可能である。X川に一度に流出する水量を抑えて，地下水として時間をかけて流すことによる。

人文地理的な内容をテーマにした問題

　次に人文地理的な内容をテーマにした問題を紹介していきます。自然地理的な内容を
テーマにした問題と同じく，地理は人文・社会科学と自然科学を総合する科目ですから，
自然地理的な内容も含まれます。使われている資料を丁寧に読み取っていくことも自然地
理的な内容をテーマにしたものと同じです。

【文化地理と地域アイデンティティに関する問題：地図の読み取り】

問 1　世界各国・各地で使われている茶の呼称は，大きく分けてビン南語由来の te（テ）と，
　　　シナ語派由来の cha（チャ）の 2 つの流れがあり，図 1 は世界各地の茶の呼称の一部
　　　を示したものである。それぞれの伝播について図から読み取れる傾向を述べなさい。

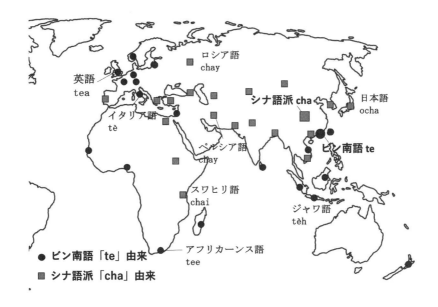

図 1
茶の呼称の分布（World Atlas of Language Structures を改変）

（2020 年実施問題）

地図上の分布の傾向を読み取る問題です。どのような地域でその事象が多くみられるのか，あるいは少ないのかに着目しましょう。また，なぜそのような傾向がみられるのか考えることも必要です。この問題は言語の分布を扱っているので，どのようなことが分布に影響を与えるか考えながら見ていきましょう。

　まず，「te」と「cha」のそれぞれの分布に着目しましょう。「te」は，アジアの沿岸部，アフリカの沿岸部，ヨーロッパに分布していることが読み取れます。ここから，船による海路の交易が関係していることが推測できます。ヨーロッパにも多いことから，ヨーロッパの植民地化も影響していると考えられます。

　次に「cha」ですが，こちらは内陸部に多く分布していることが読み取れます。こちらも交易が関係していますが，ユーラシア大陸の内陸の交易といえばシルクロードです。アフリカ東部にも「cha」がありますが，この地域は古くからアラビア半島の商人との交易があり，それが影響しています。ケニア，タンザニアで使われているスワヒリ語は，交易をする中でアラビア語と東アフリカの言語が混ざって誕生したものと言われています。

　「te」と「cha」の分布の様子がしっかりと読み取れていること，それぞれがどのようなルートで広がっていったのかを推測できていることがポイントです。

問1　解答例
「te」：沿岸地域に多く分布していることから，海路ルートで広がった。
「cha」：主に内陸に多く分布していることから，シルクロードを経由するなど陸路で広がった。

【人口と人口移動に関する問題：表の読み取り】

問 2 次の表を見て，なぜナイジェリアでは高い出生率を示すのか，表 1 からわかる関連性を説明しなさい。ただし，「結婚」という語句を必ず使用すること。

表 1 ナイジェリア女性の教育水準別人口学的特性

人口学的項目	女性の教育水準			
	無就学	初等教育	中等教育	高等教育
教育水準別割合（％）	41.6	21.4	31.1	5.9
第 1 子出産平均年齢（歳）	17.8	18.9	22.3	24.9
平均子供数（人）	6.7	6.3	4.7	2.8

Nigeria Demographic Health Survey 2003. による
（注）15 〜 49 歳の女性 7620 人を対象とする。ナイジェリアの教育制度は日本と同じ 6-3-3-4 制である（早瀬保子・大淵 寛編（2010）『世界主要国・地域の人口問題』原書房より作成）

（2021 年実施問題）

表から教育水準と第1子出産平均年齢，子供の数の関連性を読み取って説明する問題です。指定語句がありますが，まずは関連性をしっかり読み取って，その後に指定語句の使い方を検討すると良いでしょう。

　まず教育水準についてみると，ナイジェリアの女性は無就学が41.6%であることが分かります。第1子出産平均年齢は教育水準が高くなれば高く，平均の子供の数は教育水準が低くなれば多くなる傾向にあります。つまり，教育水準の低さが出生率を引き上げていると言えます。ナイジェリアに多い無就学や初等教育までの女性は，第1子の出産が10代となっていますが，これは早いうちに結婚することとも関わっています。結婚と第1子の出産が早いことでその後に生む子供の数も多くなるわけです。

問2　解答例
ナイジェリアの女性は無就学が41.6%で，女性の教育水準が低い傾向があり，教育水準が低いほど平均子供数が6人前後と多産である。また，10代のうちに結婚（早婚）し，第1子の出産年齢が10代〜20代前半と若いため，多産となる。

【資源と資源管理に関する問題：写真の読み取り】

問 3　コバルトは電気自動車やスマートフォンなどに使用されるレアメタルの一種であり，近年国際的に需要が高まっている。それにより表面化したコバルト産地の課題を，図 2 から読み取れることから述べなさい。

図 2

注）採掘したコバルト鉱石を選別している

（AMNESTY INTERNATIONAL HP より）

（2022 年実施問題）

写真の読み取りの問題です。「何だろう」と思うことを大事にしてください。ここでは課題がゴールになりますから，気になったことから課題といえることを挙げてみましょう。

　作業をしている人の中には子どもの姿もあります。ILO は，児童労働に従事している子どもは 1 億 5,000 万人以上いるとし，特にサハラ以南のアフリカで多くなっています。児童労働によって教育の機会が奪われるため，さらなる貧困という悪循環につながりかねません。また，彼らはどのような格好で作業をしていますか。軽装でサンダルのようなものを履いている人もいます。鉱山での労働は危険なことが多いですが，これでは身の安全を守ることは難しいです。さらに，鉱山資源の中には有害物質を発生させるものもあります。コバルトは，発がん性があり，皮膚や呼吸器などにも悪影響があることが分かっています。素手での作業はたいへん危険な行為です。

　問題文には 2 点挙げるとの指示はありませんから，解答は以下のいずれかで良いでしょう。写真から読み取れることと，それによって生じる問題について触れている必要があります。

問 3　解答例
・児童労働が強いられることで，義務教育を受ける機会の喪失につながっている。
・素手で選別（採掘）を行うことで身の危険にさらされている。

【農業地理と食料問題をテーマにした問題：複数の地図・資料の読み取り】

問 4　図 3 は，西アフリカで主食にもされるトウジンビエの栽培地域と年降水量（mm）を示しており，図 4 は，「アレノソル」とよばれる砂質もしくは礫質で粘土などの細粒物質の割合が少なく保肥力が低い土壌の分布を示している。図 5 は，図 3 のドゴンドッチとその周辺における農産物生産と消費にかかわる流れを示している。

(1)「アレノソル」の分布地域は世界の中でも人口の増加が著しい地域である。図 3・4 と「アレノソル」の特徴をふまえて，今後問題となることを予測しなさい。

(2) 図 5 をふまえ，ドゴンドッチとその周辺における生産地，消費地双方の問題解決策を示しなさい。

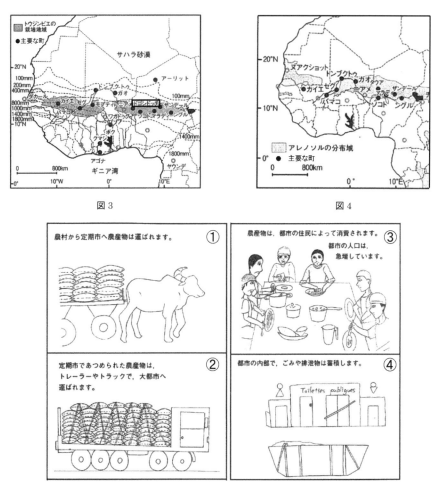

図 3　　　　　　　　　　　　　　　　図 4

図 5

（大山修一（2015）『西アフリカ・サヘルの砂漠化に挑む』昭和堂より一部改変）

（2020 年実施問題）

（1）は 2 枚の地図を読み取る問題です。アレノソルの分布域と年降水量の関係を読み取って，それを根拠に今後問題となることを考えます。

（2）はイラストを用いた問題です。よく見るタイプの問題ではありませんが，写真の読み取りと同様にイラストに書いてあることをしっかりと読み取っていきましょう。

　（1）アレノソルという土壌は，ほとんどの受験生が知らないと思いますが，問題文にそのヒントがあります。第二次試験では，初めて見る用語も出てきますが，「知らない」とあきらめるのではなく問題文をよく読みましょう。アレノソルのポイントは保肥力が低いことです。図 3，4 を読み取ると，トウジンビエは保肥力の少ないアレノソルの分布域で栽培され，その年降水量は 500 mm を下回る地域です。この地域は世界で砂漠化の進行が最も著しい地域の 1 つであるサヘル地帯になります。人口増加が著しい地域でもあるため，食料を増産する必要があります。保肥力の低い土壌，降水量が少なく不安定な地域で食料の増産を図ることは，どのような問題を引き起こすかを考えてみましょう。

　問題となることは解答例の下線部後半ですが，そこに至る原因（下線部前半）も含めて丁寧に記述する必要があります。

　（2）問題解決を考えるためには，まず現状把握が重要になります。（1）より，周辺の生産地では，わずかな地力がさらに奪われることが問題となっていました。一方，消費地では，図 5 ④のようにゴミや排泄物の蓄積が問題となっています。ゴミや排泄物の使い道はないでしょうか。消費地，生産地の両地域における問題とその解決法が書かれていることが重要となります。近年では，各地で循環型の農業がおこなわれるようになっています。こうした循環型の農業は，人口が増加した近世の江戸でも行われていました。いかに人糞尿（下肥）を確保するかは農家にとって重要なことだったようです。

問 4　解答例

（1）貧栄養の土壌であることから，<u>過剰な耕作により不毛な土地</u>になるため，<u>トウジンビエが生産できなくなる可能性</u>がある。

（2）消費地で発生する生ごみや排泄物を生産地に運び，<u>生産地ではそれを肥料にして</u>農作物を生産する。これは，<u>消費地では人口増加によるごみや排泄物の処理</u>となり，<u>生産地では不足する肥料を得ることができる</u>循環型の農業となる。

【経済地理とグローバル化に関する問題：複数の統計図表の読み取り】

問5　表2は，ウクライナ，オランダ，フランスの輸出額上位品目と，それらが各国の輸出額に占める割合を示したものである。また，図6はヨーロッパのいくつかの国の1999〜2011年における貿易収支をユーロ圏内外に分けて示したものである。なお，図中P〜Rはオランダ，スペイン，ドイツのいずれかである。

(1) 図6中のP〜Rのうちオランダに該当するものを1つ選び記号で答えなさい。

(2) 表2から，具体的な品目を1つ挙げて，オランダの貿易収支の特徴を説明しなさい。

(3) フランスの貿易収支の特徴を，航空機産業に着目して説明しなさい。

表2

オランダ		フランス		ウクライナ	
機械類	25.6%	機械類	19.3%	鉄鋼	16.7%
石油製品	6.3	自動車	8.7	ひまわり油	10.8
医薬品	6.3	医薬品	7.9	とうもろこし	9.9
精密機械	4.1	航空機	5.9	機械類	9.2
野菜と果実	4.0	アルコール飲料	3.1	鉄鉱石	8.6
その他	53.7	その他	55.1	その他	44.8

※統計年次は2020年（『データブック オブ・ザ・ワールド2022』より）

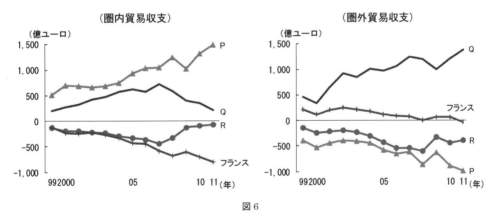

図6

（内閣府政策統括官室編（2012）『世界経済の潮流2012年II 世界経済安定化への模索』日経印刷をもとに作成）

（2023年実施問題）

貿易収支の推移を示した図を読み取る問題です。ここではユーロ圏内，圏外の両方について示した資料が用いられています。(1)では，選択肢の3カ国それぞれの貿易相手や貿易品の特徴を思い浮かべながら考えましょう。(2)ではオランダ特有の事情を考えましょう。(3)はフランスの推移を読み取り，なぜそのようになるのかを考えます。ヨーロッパの貿易を考える際には，EU加盟国かどうか，いつ加盟したのかを考えることが重要です。

　3つの国のうち，オランダは中継貿易の盛んな国です。ユーロ圏外からのモノがいったんオランダに集められ，そこからユーロ圏内に供給される形をとる場合が多いため，圏外に対しては赤字，圏内に対しては黒字になる傾向があります。中でも輸出統計2位の石油製品が代表例です。圏外であれば，北アフリカ，ノルウェー，ロシアから石油を輸入し，それを製品にしてユーロ圏に輸出しています。なお，2022年からのロシアのウクライナ侵攻によって，ロシアとEUとの関係性は悪化しました。オランダも例外ではありません。そのため，オランダにおけるロシアからの石油をはじめとした資源の輸入は激減しています。

　(3)はまず図6から，フランスの貿易収支の特徴を読み取りましょう。フランスは圏内に対しては赤字，圏外に対しては右肩下がりではあるものの黒字の傾向にあることが分かります。次にフランスの航空機産業ですが，ここは知識が必要になります。フランスの南部トゥールーズには，世界の航空機製造の2大巨頭のうちの1つであるエアバス社の本社があります。EU統合によって関税の障壁がなくなりました。航空機部品は，高い技術や専門性を生かしたり，生産コストの優位性を生かしたりしてEU加盟国各地で製造されています。これらが最終的にトゥールーズで組み立てられています。

問5　解答例

(1)　P

(2)　オランダはEU圏外から財を輸入し，圏内に輸出する中継貿易国としての役割がある。特に石油製品についてはこの傾向が顕著であり，貿易収支が域外に対して大幅な赤字，域内に対しては大幅な黒字という特徴が見られるから。

(3)　フランスの<u>航空機産業</u>は<u>EU域内で製造された部品をフランス国内で最終組立を行う国際分業体制が取られている</u>。このことからフランスの貿易収支には，<u>域内に対しては大幅赤字だが，域外に対してはほぼ収支が均衡する</u>という特徴がみられる。

【地形，景観と土地利用に関する問題：模式図の読み取り，政策の提案】

問6　人間と野生動物との関係において，現在の日本では様々な課題や取り組みが見られる。

(1) 図7は，戦後日本の農村地域における社会環境の変化を模式的に示したものである。
野生動物による農作物への被害の増加は，社会環境の変化が野生動物の生息地に影
響を及ぼしていることも一因と考えられる。このような視点から，図7を用いて，
野生動物による被害が増加している理由を説明しなさい。なお，説明の際には，次
の3つの語句を用いること。

> 緩衝地　　高齢化　　生息

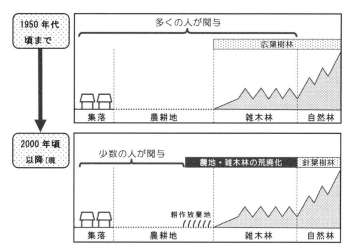

図7　主に農村地域における社会環境の変化（滋賀県を例とした模式図）

（高橋春成編（2003）『滋賀の獣たち』サンライズ出版より一部改変）

次ページ問6（2）に続く

（2）イノシシの農耕地や集落への侵入を防ぐため，その周囲にシシ垣（猪垣）と呼ばれる防壁が設けられた。図8に示した地区は1970年代から住宅地，別荘，企業の厚生施設などの開発が進んだ地域である。シシ垣は防獣を目的とした公共性の高い構造物であり，近年は，地域の人間と野生動物との関係や生活の様子を伝える地域資源として活用する動きもみられる。

　もしあなたが地方自治体の職員として，シシ垣を活かした地域活性化に取り組むとしたら，どのような取り組みや提案をするか，表3を参考に，あなたが考える取り組みと提案を述べなさい。

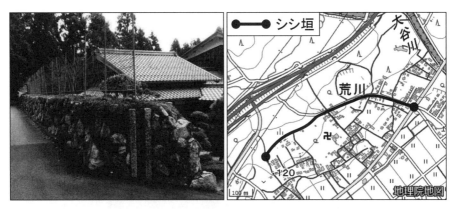

図8　大津市荒川地区に残るシシ垣

（写真は小池則満・橋本 操（2020）『都市計画論文集』55-3 掲載論文による。地図は同論文掲載の地図をもとに，地理院地図より作成）

表3　大津市荒川地区におけるシシ垣に対する住民の意識

設問	新住民（回答者数：21名）		旧住民（回答者数：33名）	
【1】この石垣は何と呼ばれているか。	「シシ垣」	…10名	「シシ垣」	…29名
	知らない	…11名	知らない	…4名
【2】石垣が造られた目的を知っているか。	知っている	…11名	知っている	…28名
	知らない	…10名	知らない	…5名
【3】石垣が造られた目的をなぜ知っているのか。（複数回答）	村の人から聞いた	…6名	祖父母から聞いた	…19名
	友達から聞いた	…3名	親から聞いた	…15名
	その他	…4名	その他	…7名
【4】シシ垣が造られた目的や歴史を子や孫に話そうと思いますか。	ぜひ話そうと思う	…9名	ぜひ話そうと思う	…22名
	話そうという気持ちになった	…9名	話そうという気持ちになった	…6名
	思わない	…2名	思わない	…2名
【5】このシシ垣を文化財として保存したいと思いますか。	ぜひ保存したい	…7名	ぜひ保存したい	…14名
	どちらかと言えば保存したい	…6名	どちらかと言えば保存したい	…14名
	保存しなくともよい	…1名	保存しなくともよい	…3名
	特に興味なし	…3名	特に興味なし	…1名

※新住民とは1970年代以降に転入してきた住民 旧住民とはそれより前から居住していた住民を指す。なおアンケート実施時の荒川地区の新旧住民割合は 新住民の戸数が約140戸，旧住民の戸数は約60戸である（高橋春成（2010）『総合研究所所報』18号（奈良大学）掲載論文より作成）。

（2022年実施問題）

近年増加している獣害の要因を模式図から説明する問題です。模式図は時代による変化を示していますから，その変化をしっかり読み取りましょう。その後に指定語句がどのように使えるか検討すると良いでしょう。

　（1）1950 年代まで（上）と 2000 年頃（上）でどのような変化が起きたのか，つまり上下の図にどのような違いがあるのかを読み取っていきます。大きな変化の 1 つ目は，農耕地と雑木林の境界付近に耕作放棄地がみられるようになったことです。その要因を考えると，農耕に関与する人口の減少や高齢化が挙げられます。1 つ目の語句が使用できます。2 つ目の大きな変化は，上では雑木林まで多くの人々が関与していましたが，人が関与する領域が小さく，関与する人も少なくなったことです。この要因も人口の減少と高齢化でしょう。野生動物は自然林や雑木林に生息（2 つ目の語句）しています。上では，人が頻繁に出入りする雑木林は，人と動物の生活領域の緩衝地（3 つ目の語句）となっていたわけです。しかし，下では緩衝地が農耕地にまで広がってしまいました。

　なお，雑木林はいわゆる里山の役割を持っていました。かつては薪炭材や肥料を得るなどのために集落の人々が管理していた場所です。戦後は，化学肥料や化石燃料の使用が増加したこともあり，役割は低下していきました。

　図の変化（時代による変化）を，「生息」と「緩衝地」の語句を用いて読み取り，説明できているか，その変化の要因として「高齢化」の語句を使うことができているかが重要なポイントとなります。

問 6 （1）　解答例
高度経済成長期には，野生動物は餌を得やすい自然林から雑木林を中心に 生息 し，雑木林が人間との 緩衝地 となっていた。しかし，現在では 高齢化 や人口減少により雑木林の手入れがままならず荒廃が進み，野生動物の生息地が拡大し農耕地が 緩衝地 となった結果，野生動物による被害が増大した。

問 6 （2）の解説・解答例は次ページ

地域活性化のための取り組みを提案する問題です。政策を提案する力は代表選手に欠かせません。したがって，第二次試験以降，必ず出題される形式といって良いでしょう。「良い提案」は，対象地域の現状をふまえたもの，実現可能なものといえます。こうした条件をふまえた具体的な提案を考えましょう。

　地域の現状を把握していきますが，問題文にもヒントがあります。1970年代の開発の後に来た住民も多いということです。次に図8から，シシ垣の現状を把握します。すると，シシ垣は人の背丈ほどの高さで，800mほど続いていることが分かります。さらに，表3からシシ垣に対する住民の意識を知ることができます。新住民と旧住民とに分けて集計していますので，その違いに注意する必要があります。地方自治体の職員として政策を提案するためには様々な住民の立場の存在をふまえていなければならないからです。すると，新住民は旧住民よりもシシ垣の存在や目的を「知らない」という人が多いこと，新住民でも存在を知れば「子や孫に伝えたい」「保存したい」と思う人が多いことが分かります。

　以上をふまえて，取り組みと提案を考えましょう。取り組みは，この地域の地域活性化を任されたあなたが住民に対して直接できること，提案は新たな活性化策として地域住民も巻き込んでできることと考えて書きましょう。取り組みについては，表3のアンケート結果をふまえる必要があります。また，提案に関しては実現可能かどうかが重要です。

問6（2）　解答例
取り組み例：地域の広報誌にシシ垣に関する記事を掲載してより多くの住民に知ってもらえるようにする。
提案例：インターネットでシシ垣の場所と歴史や意義を示してバーチャル空間で見ることができるようにする。

英文問題

　英文問題であっても，まずは提示されている資料をしっかりと読み取ることが重要です。それらをヒントや根拠にすることは日本語の問題と変わりません。なお，人文地理的な内容の英文問題は，本大会が行われる地域が題材にされることが多くなっています。対象地域のニュースに日頃から注目しておくことや，図書館等に導入されている新聞記事の横断検索を利用して，対象地域でどのようなことが話題になっているか確認しておくことも有効です。

【Describe ～型の問題：観光と観光管理】

問 1　Study Figure 1 and Table 1. Pick up one popular tourism region and describe its tourist resources.

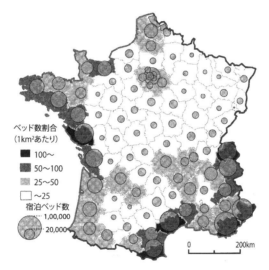

Figure 1　Bed number and their proportion per km²

（矢ケ崎典隆ほか編（2018）『ローカリゼーション（シリーズ地誌トピックス 2）』朝倉書店より）

Table 1　Tourist resources in France

Historical and cultural heritage	World cultural heritages designated by UNESCO. Such as cathedrals and churches, are all over the country.
Beach	Tourists can enjoy beaches not only in summer but throughout the year due to widespread marine spot and the development of infrastructure.
Mountain	Tourists can enjoy activities such as skiing in winter and trekking, climbing and cycling in summer.
Urban tourism	People stay and enjoy arts, amusement, shopping, eating and drinking, and night view in tourist cities such as Paris.
Villages (Green tourism)	Farmers provide accommodation for tourists.

自治体国際化協会パリ事務所編（2007）『フランスの国際化政策』自治体国際化協会などより作成

（2022 年実施問題・一部改変）

分布図から観光の盛んな地域を読み取り，それらの地域でどのような観光の形態がみられるかについて表1と組み合わせて述べる問題です。

＜問題訳＞
図1と表1を参考にして，フランス国内で観光が盛んな地域を1つ挙げ，その地域の観光資源について述べなさい。

Figure 1は，フランスの県ごとのベッドの数（円）と，1 km² あたりの平均ベッド数（色）を示しています。この数値が大きい地域は，①パリ周辺，②南東部，③南部，④西部です。これらはそれぞれどのような地域でしょうか。フランスの自然環境を考えましょう（①は首都なので省略します）。②は大西洋沿いの沿岸部，③は地中海沿いの沿岸部，④はアルプス山脈の一部です。

Table 1には，フランスの観光地域とアクティビティが示されています。この中から①〜④に該当しそうなものを探してみましょう。①は，歴史・文化観光または都市観光になります。教会等をはじめとした歴史的建造物を目的に世界中から観光客が来ますし，都市観光では美術館やショッピング・飲食を楽しむことも目的にされます。②，③は沿岸部でビーチでの海水浴等を楽しむことが目的になります。特に地中海沿岸部はバカンスの目的地としてヨーロッパ中から観光客を集めることで有名です。最後に④は山岳地帯です。ここでは冬はスキー，夏はトレッキングなども考えられます。Table 1には Villages（Green tourism）もあります。これは，農牧業の体験や自然など農村空間そのものを楽しむ観光で，ヨーロッパ各地で広がっている観光の形態です。Figure 1から，フランス全土に宿泊施設が広がっていることが読み取れますが，農場や牧場が宿泊施設の役割を果たしていることが一因です。④のアルプスと関連させて答えても良いですし，他の農村地域と関連させて書いても良いでしょう。

以上の情報を組み合わせて，自分が最も書きやすいあるいは興味のある地域や観光の形態を選んで解答をしてみましょう。Figure 1と Table 1が正しく組み合わせられて解答できているかが重要です。

問1　解答例
・The Mediterranean and Atlantic coasts are used for vacations aimed at sightseeing, sea bathing, and sunbathing.
・The Alps are popular for mountain tourism, skiing in winter, mountain climbing in summer, and trekking.
・In cities such as Paris, tourism is carried out to enjoy historical heritage and townscapes.
・In the Alps, staying on farms and ranches to enjoy rural landscape and culture is the main tourist resources.

【Explain 型の問題①：都市地理，都市再開発と都市計画】

問 2　Istanbul Metropolitan Municipality plans to construct a new canal in its province. Residents of the densely populated area on European side of the province oppose to the plan. Explain why residents oppose to the plan, using Figures 2-3.

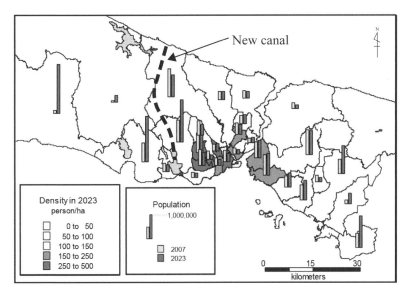

Figure 2　Estimated population size and population density in 2023
（イスタンブール都市圏都市交通マスタープラン調査最終報告書要約 2009 年 1 月より作成）

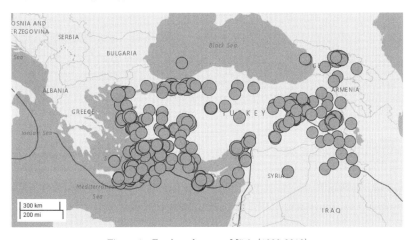

Figure 3　Earthquakes over M5.0（1990-2019）
（U.S. Geological Survey データより作成）

（2021 年実施問題・一部改変）

複数の主題図を組み合わせて説明する問題です。まずは，図2，3から読み取れることを文字におこし，該当地域の住民になったつもりで運河を建設した際の問題は何か想像して書いてみましょう。

＜問題訳＞
イスタンブール大都市圏当局は新しい運河を域内に建設する計画である。
ヨーロッパ側の人口密集地域の住民はその計画に反対している。その理由を図2～3を使って説明しなさい。

　トルコでは，ボスポラス海峡の混雑緩和のために，Figure 2 の場所に新たな運河を建設しようとしています。この問題では，イスタンブールのヨーロッパ側（西側）の住民がなぜ反対するのかが問われています。運河建設の事実を知らなくとも，与えられた資料で十分に考えることが可能です。ですが，資料1つに頼らずにすべて使っていくことを心がけましょう。

　最初に Figure 2 です。新しい運河の建設場所と 2007 年と 2023 年の地域ごとの人口変化と人口密度が示されています。新しい運河は，ボスポラス海峡よりも西側で計画されていること，地中海に面した地域で人口が多く，人口密度も高いことが読み取れます。なお，イスタンブールの CBD はボスポラス海峡の西側の地域です。

　次に Figure 3 です。トルコは変動帯に位置し地震が多いことで知られており，イスタンブールの近くも巨大の震源地になってきたことが読み取れます。同時に，今後も巨大地震が起きる可能性があることを予想することができます。2023 年 2 月に発生し，5 万人以上が亡くなった（2023 年 2 月現在）大地震は記憶に新しいところです。この時の震源地はトルコ南部のシリアとの国境に近い地域でした。運河が完成して大きな地震が起きた際に，ボスポラス海峡の西側の人たちにとって困ることは何であるか考えてみましょう。解答には，与えられた資料をしっかりと利用する必要があるため，必ず地震（Figure 3）について触れていることが重要です。

問2　解答例
Because the center of the province would become an island, it would be difficult for them to evacuate (escape) to the suburbs / it would be difficult for rescue and relief supplies to arrive when a huge earthquake occurs.

【Explain 型の問題②：都市地理，都市再開発と都市計画】

問 3　Indonesia is preparing the location of its capital city to eastern Kalimantan Island . Explain the reason referring to Figure 4 〜 6.

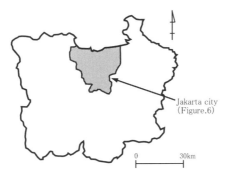

Figure 4　Jakarta city and its metropolitan area

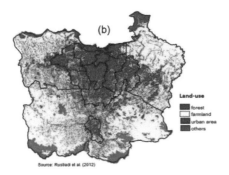

Figure.5　Land use of the metropolitan area of Jakarta

※方位およびスケールは Figure 4 とほぼ同じ

（Andrea, Emma Pravitasari.（2015）STUDY ON IMPACT OF URBANIZATION AND RAPID URBAN EXPANSION IN JAVA AND JABODETABEK MEGACITY, INDONESIA：Kyoto University より）

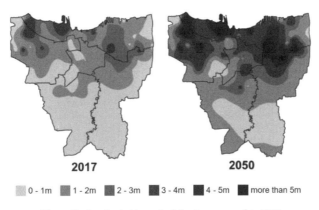

Figure 6　Land subsidence in Jakarta compared to 1977

（https://www.bbc.com/news/world-asia-44636934（2022/12/20）より）

（2023 年実施問題・一部改変）

3つの図を読み取って説明する問題ですが，Figure 6 は年の異なる2枚の図が使われていますので，この2枚についても説明する必要があります。この問題の場合，すべて同じ範囲を示しているわけではありません。Figure 4 を参考にしながら，Figure 5，6 がジャカルタのどの範囲を示しているかまずは把握する必要があります。

＜問題訳＞
現在，インドネシアではカリマンタン島東部への首都移転を進めている。首都移転の理由を図4〜6を用いて説明しなさい。

インドネシアは，首都ジャカルタを含むジャワ島に，人口とGDPの50%以上が集中し，地域格差が大きくなっています。このことを含む様々な要因から，カリマンタン島東部への首都移転計画があります。この問題では，一極集中とは異なる首都移転の理由を，図を読み取って考えます。

まず Figure 4 です。これはジャカルタ市とジャカルタ大都市圏の範囲を示しており，これから読み取る Figure 5 と Figure 6 のヒントとなっています。Figure 4 と Figure 5 は同じ範囲を示しており，Figure 4 の北に位置する灰色で示された地域が Figure 6 で示される地域です。では Figure 5 を見ましょう。こちらは，ジャカルタ大都市圏の土地利用を示しています。Figure 6 の範囲も含め，大都市圏の中央部が urban area，その周辺に farm land，南部に forest が目立つことが分かります。

次に Figure 6 です。こちらはジャカルタの地盤沈下を示した図です。急激な都市化で地下水がくみ上げられたことによって，ジャカルタでは地盤沈下が大きな問題となっています。左は 1977 年と比較した 2017 年の地盤沈下の様子で，北部の沿岸部においてその問題が深刻であることが分かります。また，右は 2050 年までの予想で，こちらを見ると沿岸部ではさらに地盤沈下が深刻化することが読み取れます。Figure 5 より，この地域は urban area でした。この地盤沈下によってどのようなことが生じるでしょうか。こうしたことを考えれば，ジャカルタからの首都移転の要因が見えてくるのではないでしょうか。

地盤沈下が進んでいるだけでなく，Figure 6 から今後も地盤沈下が進行することにも触れると良いでしょう。また，地盤沈下が urban area で進行することでどのような問題が生じるか考えることも大事です。なお，首都移転の理由を考える問題ですので，地盤沈下の理由を述べるよりも，まずは図の解説をしっかりしていくことを重視しましょう。

問3 解答例

From Figure 6 land subsidence is a problem in Jakarta and is expected to progress mainly in the coastal area which urban area are expanding so many people may not be able to live there.

【Explain ～型の問題③：地形】

問 4　Figure 7 illustrates the relationship between subduction zone and volcanoes in Tohoku, Japan. Figure 8 shows the distribution of active volcanoes, while Figure 9 shows the depth profile of the epicenter at A‐A' and at B‐B' on Figure 8. The distribution of the epicenter indicates subduction. Explain why there are many volcanoes in Tohoku and fewer in Chugoku-Shikoku.

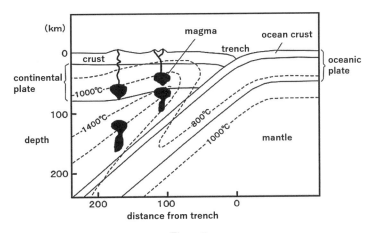

Figure 7

（山崎晴雄・久保純子 (2017)『日本列島 100 万年史』講談社より作成）

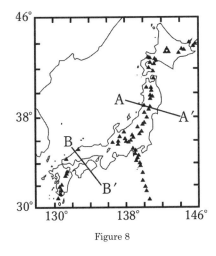

Figure 8

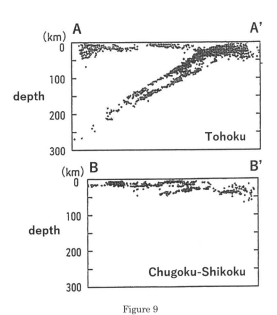

Figure 9

（中島淳一 (2018)『日本列島の下では何が起きているのか』講談社より作成）

（2020 年実施問題・一部改変）

日本列島の火山の分布とプレートの沈み込みの関係を説明する問題ですが，問いでは東北地方と中国 - 四国地方の違いについて説明するように求めています。英文問題でも図には必ずヒントがあります。

<問題訳>
図7は東北地方における沈み込み帯と火山の関係を示している。図8は活火山の分布，図9は図8のA-A'とB-B'における震源の深さの分布を示している。その震源の分布は沈み込みを示している。東北地方に火山が多く，中国・四国地方に火山が少ない理由を説明しなさい。

Figure 7 の単語は，magma：マグマ，trench：海溝，crust：地殻，oceanic plate：海洋プレート，continental plate：大陸プレート，mantle：マントルになります。Figure 7 では，海溝で沈み込んだ海洋プレートが海溝から 100 ～ 180 km，深さで 100 ～ 170 km のところでマグマが発生しています。地下の温度は深くなると上昇していることから，マグマは岩石が溶けてできていると考えられます。上昇したマグマは大陸プレートと地殻を突き抜けて地表に火山として噴出しています。これが日本列島に火山が分布するしくみです。しかしながら，これだけでは問いに示された説明に達していません。このしくみを前提とした説明が必要になります。

Figure 8 を見ると，A-A'の東北地方には火山の列がありますが，B-B'の中国 - 四国地方には火山列がありません。なぜ違いが生じるのか，why で問われているので，その根拠をFigure 9 から探りましょう。Figure 9 では震源（epicenter）が点で示され，東北地方は A'から A に向けて震源が Figure 7 の海洋プレートの沈み込み（subduction）と同じような形をしています。問題文でも「震源の分布は沈み込みを示す」と述べています。一方の中国 - 四国地方は B' から B に向けた沈み込みが低角度です。そうすると，Figure 7 で見たように，地下 100 km 以上のマグマの発生域まで海洋プレートが沈み込んでいません。そうすると岩石が溶ける温度になく，マグマの発生が弱いため火山が少なくなるという違いが見えてきます。

英文問題でも日本語の問題と内容に変わりはありません。英語の表現でも，難しい専門的な単語を使う必要はありません。解答例でも問題文や図に登場した単語を利用しています。2 つの地域の比較について，英文問題でも Compare ～で始まる比較する問いが出題される場合があります。中国 - 四国地方と東北地方を比較しなさいという問題でしたら，共通点としてプレート境界での地震を挙げ，相違点としてプレートの沈み込みの角度と活火山の有無や山地の形成のしくみ（例えば，東北は火山が中心，中国・四国は山地が隆起して侵食が中心）などの違いを解答することになります。

問 4　解答例

Figure 7 indicates that magma easily rises at a distance of 100 km or more from trench and a depth of 100 km or more. Figure 9 indicates that subduction angle of A-A' is large so oceanic plate easily reaches a depth of 100 km or more, but subduction angle of B-B' is small so oceanic plate does not reach a depth of 100 km or more. Therefore, there are many volcanos in Tohoku and fewer in Chugoku-Shikoku.

【Explain ～型の問題④：動物と気候変動】

問 5 In this region there is a large difference in animal species in the east versus west. Representative animal species in the west are Orangutans and Asian Elephants. Figure 10 shows their distributions. Study both Figure 11, that shows the seafloor depth, and Figure 12, that shows the sea level change during the last 150 thousand years. Applying Figure 12 to this area, draw the boundary of the animal species, and in the answer column, explain your reasoning.

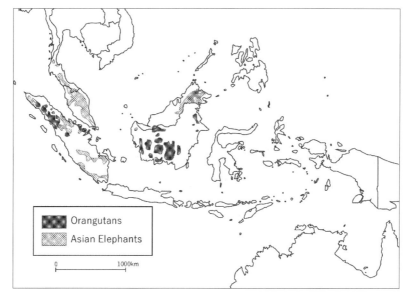

Figure 10

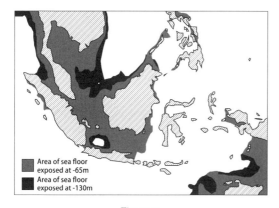

Figure 11

(Pardoe, Colin (2018) Australia, human evolution. John Willy & Sons より作成)

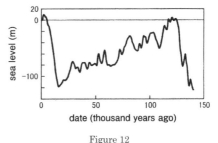

Figure 12

(吉田英嗣 (2017)『はじめての自然地理学』古今書院より)

(2023 年実施問題・一部改変)

マレーシアやインドネシア周辺のアジアゾウやオランウータンがなぜそこに分布するのか，海底の地形と氷期‐間氷期の海面変動を根拠にして，動物分布の境界線を考える問題です。

＜問題訳＞
この地域では，東と西の動物種に大きな違いがある。西側の代表的な動物種はオランウータンとアジアゾウで，図10はそれらの分布を示す。海底の深さを示す図11と，過去15万年間の海面変化を示す図12を読み取り，図12をこの地域に適用して動物種の境界線を引きなさい。また，解答欄にその線を境界とした理由を説明しなさい。

　問題を概観すると，Figure 10からはオランウータンとアジアゾウが西のユーラシア大陸側に偏って分布していることがわかります。Figure 12からは海面高度が変動して，1.5万年前には今の海面から120 m低下していたことが読み取れます。Figure 12は約10万年周期の氷期（寒冷期）‐間氷期（温暖期）の気候変動によって海面が変動することを示しています。

答案例：During the glacial period when sea level was lower than now, orangutans and Asian elephants were distributed on the seafloor below - 65 m. But as a result of the rise in sea level, there are islands where these animals are not distributed, and a boundary line is drawn between them.

　答案例は，「海面が今よりも低かった氷期の間，オランウータンとアジアゾウは - 65 mの海底に分布していた」と述べています。これはFigure 11の大陸棚の広がりとFigure 12の海面低下の図をよく見て，正しく解釈しています。その後に，「海面が上昇した結果，その動物が分布しない島があるので，その間に境界線が引かれる」と説明しています。両動物が分布している島と分布していない島の間に境界線を引きたくなりますが，それではFigure 11, 12が生かされません。地図帳のインドネシアのページでジャワ島を探しましょう。Figure 11でジャワ島を見ると，氷期にユーラシア大陸側と陸地でつながっていたことがわかります。かつてジャワ島にもオランウータンとアジアゾウが分布していたでしょう。何らかの理由（開発など）でジャワ島には現在は分布していませんが，氷期の海面の低下期には渡って来られたはずです。Figure 12の読み取りの結果を説明に加えましょう。下の解答例では，「land was connected」の表現で陸続き／陸続きでなかったという違いを説明し，移動できたか／できなかったかを「were able to migrate」で答案例よりも詳しく説明しています。

問5　解答例
Figure 12 shows that during the glacial period, when sea level was declining, the sea level was about 120 m lower than the present sea level. During the glacial period, animals were able to migrate to the western side of the boundary where land was connected. But animals could not migrate to the east of the boundary because there was sea between the islands east of the boundary that did not become connected to land.

【第三次試験 - フィールドワークエクセサイズ（FWE）】

Q. 第三次試験とはどんな試験ですか？

A. 第三次試験試験は，国際地理オリンピック大会のフィールドワークエクセサイズ（FWE）に準じた形で行われます。国際大会では FWE にテーマがあり，そのテーマに基づいてフィールドワークが行われます。そのうえで，FWE は地図作成テスト（Map Making Test：MMT）と意思決定テスト（Decision Making Test：DMT）の 2 つから構成されています。MMT は与えられたテーマを視点に調査地域を観察・調査して地図を作成し，地域の特徴をつかみます。DMT は自ら作成した地図と与えられた資料をもとに地域の問題点を明らかにし，その解決策やまちづくりプランを提案するものです。国内の第三次試験では，これら 2 つのテストに加えて，調査地域の自然地理的な条件を問うフィールドワークエクセサイズ I（FWE I）も行っています。

Q. どんな内容ですか？

A. 2023 年 3 月に行われた第三次試験を例に説明しましょう。第三次試験に進出した 9 人の選手は FWE の前日に集合し，ブリーフィング（テストに関する説明）を受けました。ブリーフィングでは「交通網の発達による地域の変容」というテーマが提示され，そのテーマに基づいた講義やまちづくりに関するワークショップが行われました。翌日の FWE では，地下鉄の延伸に伴う新駅設置予定地である東京都江東区深川地区でフィールドワークが行われました。その後，選手達は 2 つのパートに分かれる MMT で地図を読んだり作成したりし，その後の DMT において自らが作成した地図と与えられた資料をもとに，対象地域のまちづくりプランを提案しました。

Q. 解答のポイントを教えてください。

A. ブリーフィングでは FWE のテーマが伝えられ，テーマに関する講義やワークショップが行われます。これが試験全体の基礎となるので，その意味をしっかりとらえることが大切です。MMT では対象地域を正確にかつ詳細に観察することと，自分が作成する地図の凡例（土地利用の分類や施設の記号など）が，テーマに関連したものになっているかが重要なポイントです。DMT ではまちづくりプランに自分が作成した地図と，与えられた資料をいかに活用するかがポイントです。出題者は意図をもって資料を提示しているので，すべての資料が解答に結びついています。またまちづくりプランには正解がないので，いかに論理的に説明できているかどうかが採点のポイントになります。その際，経済的な視点で提案することは重要です。実施するための資金をどこから調達するのか，そこまで考えることができれば，日本代表への道もそう遠くはないでしょう。

フィールドワークエクセサイズⅠ （2014年：神奈川県鎌倉市・2019年：千葉県浦安市）

　FWEⅠは，これまで2つのパターンで実施されてきました。試験地域を歩いた後に問題に取り組むパターン（パターン①）と，歩く前に問題に取り組むパターン（パターン②）です。問題内容は，主に，新旧地形図の比較などをもとにして試験地域の地形発達や土地履歴を考えるといった，自然地理的な問題が出題される点で共通しています。それに加え，パターン①の場合は，調査地域を歩いて測った地形の断面図を描いたり，観察した地形から等高線を補って地形図を完成させたりする問題も出題されています。

　次の問題は，パターン①に該当する2014年の第11回国際地理オリンピックに向けた第三次試験(一部改変)のものです。この時のFWEは鎌倉市を試験地域として実施されました。

> 問1　次の調査地域について，資料を参考にしながら次の (1) と (2) に取り組みなさい。
> (1) 調査地域を X 点から Y 点まで歩き，X－Y 間の地形断面図を作成しなさい。
> (2) 作成した断面図の形状や地表面の観察結果から考えられる，調査地域に広がっている地形の名称を答えなさい。
>
>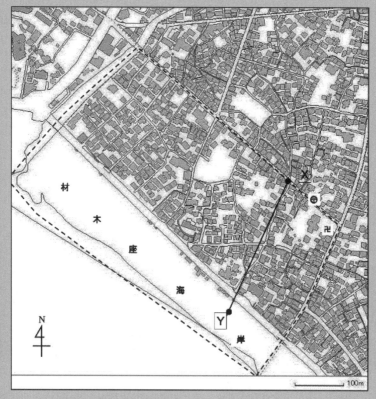
>
> 国土地理院・基盤地図情報をもとに作成。
> 資料：鎌倉地域海抜マップ（国際地理オリンピック日本委員会ウェブサイトに掲載されています）

解答の方法

(1) FWE では，フィールドに持って行けるのは筆記用具と電卓くらいです。そのため，高さや距離を測るには，目線の高さや歩幅といった自分の体をモノサシにします。こうしたやり方に加えて，この調査地域では，$\boxed{X}$ － $\boxed{Y}$ に沿う道のところどころに，右図のような地盤の高さを示す電柱が立っていました。こうした情報も解答の手がかりになります。

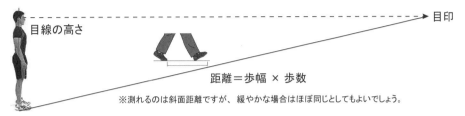

(2) 資料をみると (1) のような地形断面を持つ高まりは海岸に沿って続いていること，$\boxed{X}$ － $\boxed{Y}$ 間を歩きながら地面を観察するとその高まりは砂地であることから，この地形は海岸の砂が風によって運ばれ堆積した「砂丘」，または砂が波によって打ち上げられて堆積した「浜堤」ではないかと考えられます。

問 1　解答例

(1)

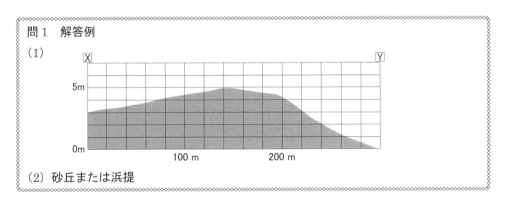

(2) 砂丘または浜堤

　次の問題は，パターン②に該当する 2019 年の第 16 回国際地理オリンピックに向けた第三次試験(一部改変)のものです。この時の FWE は浦安市を試験地域として実施されました。

> 問 2　浦安市は，旧浦安町だった時期から二期にわたる埋立てによって現在の市域になりました。このことに関して，次の (1) と (2) に答えなさい。
>
> (1)　地図の指定された範囲に，資料集の図 1：浦安市の 2.5 万分 1 地形図と，図 2：東日本大震災時の電柱被害状況をみて，凡例にしたがって埋め立て前の海岸線と第一期の埋立事業完了時の海岸線を書き入れなさい。
>
> (2)　海岸線の位置を判断した理由を，図 1 と図 2 から根拠を挙げて説明しなさい。
> 　　※図 1・2 は，国際地理オリンピック日本委員会ウェブサイトに掲載されています。

解答の方法

(1)　旧江戸川河口に広がる遠浅の海を対象に，二期にわたり進められた埋立事業(第一期：1965 年着工・75 年完了，第二期：72 年着工・80 年完了)は，浦安町を大きく変えました。広さは約 4 倍になり，そこに鉄道や高速道路が整備され，住宅地やリゾート施設などが造成されて，人口も 1965 年の 1 万 8,000 人から浦安市となった 87 年には 10 万人を突破しました(2020 年国勢調査では 17 万 1,362 人)。埋立事業によって昔からの漁師町・浦安町はアーバンリゾート・浦安市へと大きな変貌を遂げたのです(右図 A 〜 C)。

(2)　古くからの土地，初期の埋立てでできた土地，新しい埋立てでできた土地という土地履歴の違いは，資料集の図 1 や図 2 には様々な形で現れています。東日本大震災時の電柱被害状況を示した図 2 からは，地域によって大きく異なる電柱被害状況という形で読み取ることができます。それは土地履歴の違いが地盤の固さといった土地条件の違いに対応しているからだと考えられます。ただ，注意しなければならないのは，被害を受けた電柱の割合です。電柱の数が多ければ，当然被害を受けた電柱も多くなるはずです。そのため，図 2 だけでは根拠として十分とは言えず，図 1 の地形図で根拠をさらに補足する必要があります。そこで，図 1 をみると，電柱被害状況が異なる地域に対応して，道路網のパターン

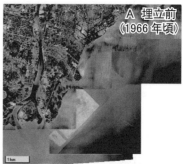

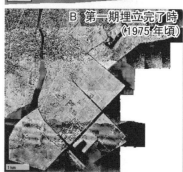

図　浦安周辺の空中写真
(地理院地図に一部加筆)

が違っていることが読み取れます。家屋が密集しているところ，区画された区域ごとに戸建て住宅が並んでいるところ，区画された区域に大型の建物や高層の建物が点在しているところといった土地利用の違いも読み取ることができます。また，古くからある場合が多いお寺や神社などの有無なども，土地履歴を知る手がかりになります。さらに，同じ土地履歴の地域は住居表示も一体的に行われる場合が普通ですから，「富士見」○丁目，「海楽」□丁目，「日の出」△丁目といった住居表示地名も土地履歴を知る手がかりの1つになります。

　こうした，図1と図2に様々な形で示されたいくつもの手がかりを根拠とすることで，土地履歴の違いを見出し，2つの海岸線を推定することが可能になります。

問2　解答例
(1)

［凡例］　埋 立 て 前 の 海 岸 線　━━━━━
　　　　　第一期埋立て完了時の海岸線　━ ・ ━ ・ ━

図　海岸線を書き入れるための地図

---

(2) 図2［東日本大震災時の電柱被害状況］をみると，ほとんど被害がなかった川沿いの地域，被害の大きかった高速道路や京葉線が通っている地域，比較的被害が少なかった沿岸部の地域に分けることができる。これらは昔からの陸地で地盤が固いところ，埋め立てできた土地で地盤が軟弱なところという，土地履歴と土地条件の違いに対応していると考えられる。また，図1から，被害状況が違う3つの地域では，道路網のパターンが異なっていたり，住宅密度など土地利用の様子が大きく異なっていたりしていることからも，土地履歴が違っていると推察され，それぞれの地域の境界がかつての海岸線に当たると考えられる。

フィールドワークエクセサイズⅡ（MMT）とⅢ（DMT）　（2017年:新宿区新大久保駅周辺）

FWE Ⅱ（MMT）と FWE Ⅲ（DMT）の問題は，地域の現状を観察と地図化により把握し，地域の問題を見出して，それを解決し，望ましい地域のあり方を考える「価値判断→意思決定→社会形成」という探究プロセスに基づいて作成されています。

2017年3月の第14回国際地理オリンピックに向けた第三次選験は，東京都新宿区 JR 山手線新大久保駅周辺を試験地域として，「多文化共生のまちづくり」というテーマで実施されました。現在の日本において様々な文化を持つ人との共生は当たり前のことであり，2022年度から高校生全員が学んでいる科目「地理総合」においても，「生活文化の多様性と国際理解」は重要な学習内容となっています。

ブリーフィング

試験第1日目のブリーフィングでは，「多民族化が進む日本社会－多文化共生の課題」というテーマで筑波大学（所属は当時）の山下清海先生の講義がありました。講義では，お互いの文化的な違いを認め合い，対等な関係で地域社会の構成員として共に生きていくことの大切さを学び，その事例として国内のいくつかの地域が紹介されました。ただし，この時点では翌日のフィールドワークエリアは明らかにされていません。

フィールドワーク

試験地域（図1）を歩いて，地域の様子を観察しましょう。私たちは地下鉄大江戸線の東新宿駅から大久保通りを東から西に歩きました。大通りには韓国系の飲食店やコスメ店，韓流グッズを販売する店が軒を連ね，「コリアタウン」という新しい観光地となっています。

また，地図を見てもわかるように南北の通りは道幅がとても狭くなっています（写真1）。それは，徳川家康が幕府を開く際に防衛のため，この地に「鉄砲組百人隊」を配備したことに関係していま

図1　試験地域
（矢印は MMT 対象エリア，地理院地図をもとに作成）

す。下級武士である鉄砲隊は城から離れたところで長屋に暮らしたため，このような区画となったそうです。ここの地名である百人町もそのことが由来となっています。

FWE Ⅱ（MMT）の対象エリアは JR 新大久保駅の西側です。エリアの大久保通りの北側は通称「イスラム横町」と呼ばれています。ここは近年来日者数が増加したベトナム人やネパール人が経営する店も見られます（写真2）。

写真 1　百人町の狭い路地

写真 2　イスラム横町の食材店

FWE Ⅱ（MMT）問題

FWE Ⅱ（MMT）に取り組んでみましょう（一部改変）。

> 問 1　JR 新大久保駅西口の FWE Ⅱ（Map Making Test）の対象エリアでフィールドワークを行い，与えられたタリーシートに，建物や土地利用の様子について観察したことを記録しなさい。その際，建物や土地の番号は任意とします。タリーシートは，このテスト終了後提出すること。（1 点）
>
> 問 2　MMT の対象エリアについて，フィールドワークで記録したタリーシートをもとに，解答用紙 B のベースマップ上に土地利用図を作成しなさい。地図の表題，凡例は必ず記入すること。（11 点）
>
> 問 3　作成した土地利用図から読み取れるこの地域の特徴を，解答用紙 C に文章で記述しなさい。記述は箇条書きで構いません。（4 点）

解答の方法

問 1　タリーシート（図 2）とは，一つひとつの建物の様子を記録するための用紙です。タリーシートでは一つひとつの建物を正確に観察しているかどうかがチェックされます。今回の MMT の対象エリアには 61 の建物があります。それぞれの建物はいくつかの項目に基づいて記録しますが，最も大切なのが建物の用途です。その建物が住宅なのか，商店なのかまたは他の用途と

図 2　タリーシート

して利用されているかを見極めます。今回のテーマが「多文化共生のまちづくり」なので，それぞれの建物がどの国に関係しているのかを記録することは必須です。

110

問2 観察した内容をもとに地図を作成しましょう。実際の試験では色鉛筆の使用が認められているので，凡例では最も強調する要素を色で分類するのが良いでしょう。今回はテーマをもとに判断すると，色で建物の利用に由来する国を表現するのが妥当でしょう。また，建物の業態（飲食店，商店，サービス業など）は網掛け等のパターンで表現すると良いでしょう。写真3を見てください。建物はどのように利用されていますか。1階はイスラームの食材店ですが，2階は文字から推察すると韓国系の美容室となっています。地図ではこのような建物をどのように表現しますか。写真のように1階と2階で国や業態が違う場合は，道路に面している部分を1階部分，上の階を道路から離して表現する方法があります。紙面の都合でカラー印刷ができないので，ここでは解答用紙のみ掲載します（図3）。

写真3 イスラム横町のビル

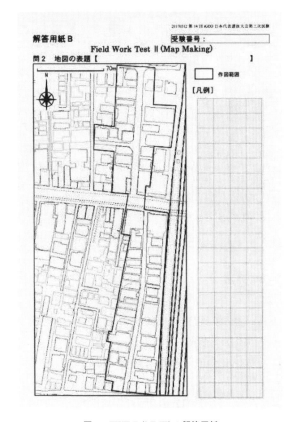

図3 FWTⅡ（MMT）の解答用紙

問3 地図をもとに地域の特徴をつかみましょう。タリーシートを整理すると，61の建物の中で外国に関係するものが43ありました。国別に見ると，一番多いのは韓国と中国（含台湾）の13軒（フロアごとに違う国に関係している場合は複数でカウント）で続いてイスラーム系とタイが6軒となっています。また，業態としては飲食店が22軒と最も多く，続いて美容・マッサージなどのサービス業が7軒でした。解答の際は，「○○の国が多い」とか，「飲食店が多い」というだけでなく，数字などのデータに基づいて記述することが重要です。地図に表すメリットは分布が明らかになることなので，分布についても説明することが大切です。観察の通り大久保通りの北側にイスラーム系の店舗が多く分布していることが，調査して作成した地図で証明されました。

　また，外国に関わる施設が誰を対象としているかどうかも重要な視点です。野外観察で訪れた「コリアタウン」は明らかに日本人をターゲットにして店舗を経営しています。しかし，ハラルフードの食品店はそれとは逆に日本に居住するムスリムが対象です。それを見極めるポイントは文字や業態です。写真 3 の美容室は看板がハングルで大きく書かれていることから周辺に住んでいる韓国人向けの店であることが考えられます。また，海外送金の店舗であれば，日本人が経営していても外国人相手の商売となるでしょう。

　そのようなことをまとめると，MMT 対象エリアは，①中国や韓国系の飲食店やサービス業が多い，②イスラム教関係の店舗も大久保通りの北側に分布している，③コリアタウンと比較して日本に居住する外国人向けの店舗が多い地域であると説明できます。

FWE Ⅲ（DMT）問題

　FWE Ⅱ（MMT）の結果をもとに FWE Ⅲ（DMT）に取り組んでみましょう（一部改変）。

問 4　資料や観察した内容から，JR 新大久保駅周辺の DMT の対象エリアにはどのような課題が考えられますか，具体的に記述しなさい。（4 点）

問 5　前問の解答をふまえて，DMT の対象エリアについて，課題を解決できる再開発プランを提示しなさい。必要に応じて，図などを使って説明しても構いません。（12 点）
※ FWE のために配布された資料（内容は一部省略）
［地域の概要］東京都区内市町村別在住外国人人口・割合（上位 30 位），新宿区住民基本台帳（外国人のみ）の年齢構成，新宿区住民基本台帳の外国人住民国籍別男女別人口（上位 10 位），新宿区住民基本台帳の町丁別世帯数及び男女別人口（外国人のみ），新宿区の防災マップ，新宿区の防災計画，「多文化防災フェスタしんじゅく」パンフレット

解答の方法

問 4　配付された資料から 2 つのことが読み取れます。まず，新宿区に住む外国人の人口統計からは，①東京都の中で新宿区に最も多くの外国人の方々が居住し，その中でも区内では試験地域周辺に最も集住していること，②彼らは男女とも 20 歳代が最も多く生活し，国籍別では中国，韓国・北朝鮮に続いてベトナムやネパールが続いていることです。また，彼らが居住している地域の防災に関する資料が 3 点出ています。これは何を意味するのでしょうか。資料の読み取りに加えて，現地を歩いて観察したことや対象エリアを調査して地図を作成したことをもとに，様々な視点でこの地域の課題を考え，その解決策を提案しましょう。

問5　実際に試験を受けた選手の解答を参考にして，地域の課題を3つの視点でとらえ，その解決策プランを提案した解答例とその解説を示します。

①道路・交通の視点からの解答例と解説

課題：大久保通りには韓国グッズの店の前に荷卸し車両が駐車し，車交通の支障となっている。また，観光客が多いにもかかわらず，大久保通りの歩道が狭く，なおかつ歩道上の駐輪も多い。

提案：地権者から土地を買い取り，道幅を広げ，電線を地中化する。そうすることで観光客が今よりも歩きやすくなる。

解説：道路の拡幅に対して地権者との関係を解答に記述したのは，良い視点です。しかし，自転車の駐輪問題の解決策はどうでしょうか。観光客は自転車では訪れないと考えられるので，歩道に自転車を駐輪しているのはこの地域に住んでいる人々だと考えられます。観察では新大久保駅周辺に駐輪が多かったことを考えると，新大久保駅の改修（作問当時）に伴って駐輪場を併設するプランを提案できればなおよかったと思います。

②防火・防災の視点からの解答例と解説

課題：観察・調査地域は古くからの木造住宅が密集し，南北の道路も狭いことから，火災が起こった際に消防車両が進入できない可能性がある。

提案：木造建築の共同化を図る。具体的には木造住宅を取り壊し，火災に強い建材を使用した集合住宅を建設し，地上階付近はテナントとし上の階は住宅とする。そうすれば南北の道路が拡幅できる。そのためには建て替えを促す補助金制度を整備する。

解説：なかなか良いプランだと思います。古い住宅地域の建て替えで，新しく建て替える建物の高層化を図り，建物自体に商業機能と住宅機能を共存させている例は多くあります。建て替えのための補助金を整備する制度を提案したのも良い視点です。課題は住民の人たちがその地域に対してどのように考えているかではないでしょうか。地域の人々が建て替えに反対しプランが実現しないのであれば，消防水利や消火器の設置が必須でしょう。

③多文化共生の視点からの解答例と解説

課題：地域には若い外国人住民が多く居住し，言葉の問題もあり，生活のルールや防災情報が伝わりにくい。

提案：行政が外国人住民に日本語教室を開講したり，様々な情報に対して多言語表記のパンフレットを提供する。防災イベントを企画して参加してもらえば，会場である公園の有効活用事例となり，そこが防災の避難場所であることを認知してもらえる。

解説：この解答例については，観察や調査からは読み取れない部分があったので，あえて資料（図4）として提示しました。居住している外国人の人々が日本の自然災害，

特に地震についての知識が不足していることがこの地域の重大な課題です。地震のない国から来た人は，地震についての知識がないことを私たちは知らなければなりません。提案では，イベントの参加が外国人住民の知識理解の機会だけに留まらず，外国人住民がイベント会場が避難場所であることを認知すること，公園の有効活用までに論を進めたのは秀逸です。ブリーフィングで，山下先生が「多文化共生とは，対等な関係で地域社会の構成員として共に生きていくこと」と講義されていました。そのような視点でとらえると，地元のコミュニティに様々な国の人々が積極的に参画する提案がされるとさらに良かったと考えます。また，日本人と外国人とのコミュニケーションということだけではなく，地域に住む様々な国同士の人々のつながり（例えばネパールとベトナム）にもふれることができればなおよしです。

図 4　多文化防災フェスタしんじゅく
（新宿区 HP より）

オンラインによるフィールドワークエクセサイズ （2022年：大阪市西区南堀江）

　2022年第19回国際地理オリンピックパリ大会（オンライン開催）に向けた第三次試験は，2022年3月12日（土）にブリーフィングが，そして翌日の13日（日）にはFWE Ⅰ～Ⅲが，「「街」から「町」，未来の「まち」へ」というテーマのもと，オンラインで実施されました。パリでの国際大会がオンライン実施であることはわかっていたため，選手たちも前向きに取り組んでくれたようです。今後も同様の事態によるオンライン開催はあり得るので，オンライン試験の内容や方法を紹介します。

ブリーフィング

　第1日目に行われるブリーフィングは，大阪市西区南堀江を試験地域として大都市内部の住商混合地区が対象でした。したがって，建物のフロア利用（各階がどういう機能に使われているのか）を観察する視点の持ち方，そして調べた結果の地図表現方法を中心に説明がありました（図1）。

試験地域の概況

　大阪は「水の都」とも称される通り，高度経済成長期（戦後～第1次オイルショック）以前は市街地に数多くの運河が張りめぐらされていました。今回の試験地域となった南堀江とその周辺地域もその典型的な地区です。堀江という地名からもそのことがうかがえます。この点については試験の際の資料集でも示しました（図2）。

　南堀江は大阪の背骨ともいえるCBD（中心業務地区）の御堂筋からも至近で，繁華街の難波や心斎橋，若者に人気のアメリカ村などからも徒歩圏内の便利な地区です。かつては運河が多かったため，水運の利便性を活用して多くの材木商が店を構え，製材工場や家具組み立て，さらには家具店が軒を並べていました。

　自動車交通量が増えるにしたがって，かつての運河は

◆自身でゼロから地図を作成する場合
➡建物を寝かせ，3階以上は卓越用途で代表させて表現

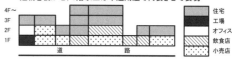

◆あらかじめ建物輪郭が描かれている場合
➡3階以上は卓越用途で代表させ，斜線を利用して表現

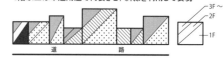

図1　地図表現例を示したブリーフィングのスライド資料

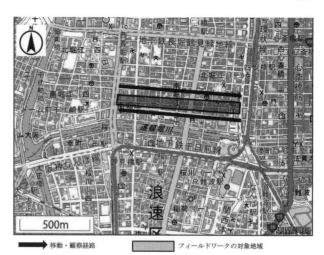

図2　現在の堀江地域
（MMTで使用した地図。地理院地図より）

埋め立てられ，一般道や都市高速（阪神高速）に姿を変えました。クローゼットを備えたマンションの普及により家具需要が減り，材木商や製材工場，家具店は減少しました。その跡地を活用してマンションが増え，21 世紀に入った直後からはタワーマンションもみられるようになりました。

　今回の試験地域となったオレンジストリートは，かつて家具店が多かった通りが，雑貨店や飲食店を含む多種の店舗をもつ商店街へ変化したところです。今回は資料集に載せている新旧地図や資料を駆使し，これらを現地で撮影した画像観察とあわせて設問や地図作成に取り組むという試験でした。つまりバーチャルフィールドワークです。それでは，実際に行われた試験の内容を見ていきましょう。

　オンラインでの実施となった 2022 年の第三次試験でも，これまでと同じく FWE Ⅰ，FWE Ⅱ（MMT），FWE Ⅲ（DMT）の 3 つの試験が行われました。それに加え，初めての試みとしてグループディスカッションが実施されました。試験はテーマに基づき，南堀江を中心とした堀江地域（図 2）がどのように変化し，どのような「まち」になっていくのかを考えていきました。FWE Ⅰ では 5 つの資料が提示され，それらを読み解く過程で「南堀江」の概況をつかむことが意図されています。また，今回は英語で出題され，英語での解答が求められました。MMT では，南堀江の中心的な商店街である「オレンジストリート」について，オンラインフィールドワークを実施し，地図作成を行いました。DMT では，フィールドワークや資料から堀江の課題をみつけ，改善策を提案することが求められました。グループディスカッションは，2050 年の堀江の「まち」の様子について話し合い，「まち」のキャッチコピーを提案するというものでした。

FWE Ⅰ 問題（試験時間 30 分）

> Q1
> As shown in the Resource Book Ⅰ, many ditches were located in the Horie District in the past. Outline the former ditches on Answer Sheet A and create a map legend. (3M)
> Q2 (Answer in English)
> Explain from a natural as well as from a social environment perspective why many ditches were located in this area. (2M)
> Q3 (Answer in English)
> Describe how the ditches have changed. Explain reasons why the ditches have changed. Changed. (2M)

解答の方法

Q1　堀江地域開削の年表や古地図（図 3 など）から堀の痕跡をたどり，現在の地図に示すことが求められました。堀江周辺では西横堀（1584 年〜），道頓堀（1615 年），長堀（1625 年），立売堀（1626 年），堀江川（1698 年）といった多くの堀が江戸時代に開削され，高度経済成長期にその多くは埋め立てられました。現在は堀江公園や高台橋公園などにその痕跡をみることができます。

Q2 堀江で多くの堀が開削された理由について，自然条件と社会条件から説明します。資料集の資料（堀江地区周辺の高度）から堀江地区が上町台地（大阪城周辺）の西部に位置し，大阪湾との間の低地に広がっている様子がわかります。古地図から，多くの堀が東西方向に延びており，低地の排水や地面のかさ上げ用の土砂

図3 『改正増補国宝大阪全図』
（大阪市立中央図書館所蔵）

の必要から堀が掘られたのではないかと考えられます。また，当時は舟運が重要な輸送手段であり，堀の近くには各藩の蔵屋敷が多くありました。物資の輸送や交通路としても堀は重要な役割を果たしていました。このような点についてシンプルな英語で解答します。
Q3 堀江周辺地域の堀がどのように変化したのかについて説明します。資料集やQ1，Q2の解答をふまえて，かつてあった堀が高度経済成長期に埋め立てられ，道路や公園，住宅等に変わっていった様子について説明します。一部の堀には，かつて路面電車（大阪市電）も見られましたが，撤去されて，現在は地下鉄（大阪メトロ）が通っています。

FWEⅡ（MMT）問題（試験時間90分）

　MMTでは最初に10分間，資料集を読み，堀江地域やオレンジストリートの概要を把握する時間が設定されました。その後，オンライン動画によるフィールドワークを実施しました（30分間）。そして，地図作成とそれに関連した問題が出題されました。

　問1　資料集Ⅱの資料に記載されているオレンジストリートに面したW～Zの4区画に関して，メモしたことを参考に，それぞれの区画でみられる建物や土地利用の様子について，観察したことを解答用紙Aに記録しなさい。（2点）
　問2　地図作成の対象エリアについて，メモしたことを参考に，解答用紙Bのベースマップ上に土地利用図を作成しなさい。その際，地図の表題，凡例を必ず記述すること。なお，対象地域が離れているため，作図する範囲に注意しなさい。（6点）
　問3　資料集Ⅱと問1・問2で作成したものを参考にして，オレンジストリート沿いの土地利用がどのように変化してきたか，家具店の経営形態がどのように変化してきたか，解答用紙Cに記述しなさい。また，なぜそのように変化してきたか背景をそれぞれ説明しなさい。（8点）

解答の方法

　オレンジストリートの動画から街並みの変化に気づくことが求められました。オレンジストリートといっても，X 地区と Y 地区の間に大きな道路（なにわ筋）があり，東側と西側ではまちの様子に大きな違いがみられます。一番東側の W 地区は，繁華街（難波，心斎橋）に近く，雑貨，ファッション，飲食店などの商業施設が多く，人通りも若い人を中心に多い様子がうかがえます。しかし，西側（Z 地区）に行くにしたがい，マンションや雑居ビルの割合が増えていき，人通りも減っていきました。オレンジストリートは，かつて「家具のまち」として有名でしたが，ところどころに家具店が残るのみとなっています。2 階以上の建物に注目すると，東側では 2 階以上が単身者向けのマンションになっているところが多く，西側ではファミリー向けのマンションや事業所，オフィスとなっているところがみられました。問 1，問 2　観察した内容をもとに地図を作成していきます。東側（X 地区）と西側（Y 地区）の街並みの

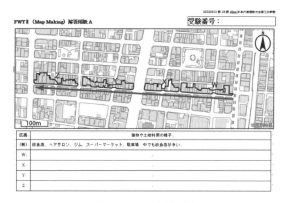

図 4　FWT Ⅱの解答用紙 A

図 5　FWT Ⅱの解答用紙 B

違いがわかりやすくなるように，飲食店，雑貨・ファッション，家具，住宅地，事業所などの土地利用で色分けをすると特徴がつかみやすいです。また，2 階以上の用途の情報も入れるようにします。

問 3　資料集の 1970 年代の住宅地図との比較を通して，オレンジストリートが木材・家具の問屋「街」から，ファッションの「街」，タワーマンションに代表される，住む「町」へと変化している様子と背景について，家具店の経営形態に着目して説明します。かつては水運の利便性を活用して木材，家具の問屋街として発展しましたが，輸入家具が郊外の大型量販店で販売されるようになると，家具店が減少していきました。現在では，御堂筋や繁華街などへのアクセスの良さ，家具店跡の広い土地が注目され，多くのタワーマンションが建設されています。

FWE Ⅲ (DMT) 問題（試験時間 50 分）

> 問1　FWE Ⅰ の解答から，堀江地区は河川や堀に囲まれている地域であることを確認しましたが，この地域は明治後期から大正期には大阪市随一の家具・仏具の問屋街でした。この地域に家具店が集積した背景を説明しなさい。（4点）
> 問2　堀江という地域の課題を1つ挙げ，それをどのように改善すべきか，提案しなさい。（12点）

解答の方法

問1　これまでの問題や資料もふまえて，堀江が「家具のまち」となった背景を説明します。1つ目は，堀江の地名にも由来する堀の存在です。かつて堀江周辺には多くの堀があり，木材や家具の輸送に水運が大きな役割を果たしました。2つ目は堀江の場所です。堀が多く，交通条件が良いことに加えて，御堂筋や繁華街にも近いことが挙げられます。都市の中心に位置し，家具・仏具の買い回りに適した場所といえます（広域な商圏を持つ）。

問2　資料やフィールドワークから堀江の課題について考えます。テーマとも関連させて，将来にわたって持続可能なまちであり続けられるかという視点で考えていきます。

・防災面（津波・水害・地震など）
・ごみや騒音などの住環境問題（緑地や公園）
・安全面（路上駐輪，落書き，狭い道幅，歩車未分離）
・偏った人口構成（図6。30〜40代の人口が多く，高齢者が少ない，単身世帯が多い）
・まちの統一感（地域コミュニティとしての一体性）

このような課題に対して，改善策を提案します。例えば，防災面については災害に強いまちづくりとして，耐震の津波避難ビルや災害時の避難場所の確保といったハード面，ハザードマップや避難誘導標識の整備，定期的な防災訓練など住民の防災意識を高めるソフト面での対応が必要になっていきます。堀江周辺には，タワーマンションが多く建設され，人口は増えていますが，単身者が多く，人口構成割合に偏りがみられることから，地域のつながりを強めていく活動も防災の視点では大切です。

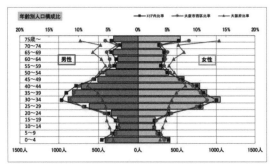

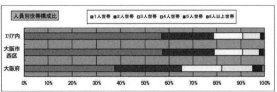

図6　南堀江の年齢別人口構成比と人員別世帯構成比
（jSTAT MAP により作成）

【コラム　令和版フィールドワークのすゝめ】

　地理学においてフィールドワークには多くの価値があります。以下にその代表的なものをいくつか挙げてみます。

> **現地の状況を直接調査できる**
> フィールドワークにより，現地の地形や気候，土壌，植生，動物，人々の暮らし方などを直接観察・調査することができます。現地に行くことで得られる情報は，インターネットなどから得られる情報とは異なり，より詳細で正確なものになることが多いです。
> **現地の文化や社会を理解できる**
> 地理学においては，地域の文化や社会の影響も重要な要素となります。フィールドワークにより，現地で生活する人々と接触し，言語や習慣，歴史的背景，宗教などを学ぶことができます。

　2022年末，世界を驚かせるテクノロジーが発表されました。サンフランシスコのOpenAI社が提供しているChatGPTです。上記の文章は，ChatGPTに「地理学においてフィールドワークを行う価値は？」と尋ねてみたものです。AI（人工知能）やメタバースなどの登場によって容易に情報や体験を得られる"タイパ（時間対効果）"の時代に，「わざわざ」フィールドワークを行う価値はどこにあるのでしょうか。

郷に入らねば，肌身で郷は感じられない

　インドを訪れた2011年…この国を覆い尽くすスパイスの香りと車のクラクション，発音も気にしないインド英語で次々とガイドを申し出てくる人々，手で食べるもんだと思い込んでいたカレー，神聖とされるはずの牛が道路をふさいでいるために蹴飛ばされた瞬間，目の前で茶毘に付すことで「生」を強烈に考えさせられる光景，日が落ちたら絶対遭遇したくない野犬の群れ，目を覚ますとミルクティーと化した街中…どれを取っても，決して教科書やGoogle Earthでは感じられないリアルな世界でした。

　たしかに，Google Earthやストリートビューを使えば世界旅行を疑似体験することができます。大変便利で，そしてワクワクするテクノロジーです。しかし，それらはあくまで電子情報として切り取られ，編集されているものに過ぎません。おそらく，私はインドで見た景色を死ぬまで忘れることはないでしょう。東大逆転合格ドラマとして知られる「ドラゴン桜」の中でも，「五感を使って学べ」ということが叫ばれています。感情を伴う学びは自らの経験となり，血肉となるのです。

　また，異世界のフィールドに入ることで，無意識のうちに形作られる「常識」が覆されることもしばしばあります。越境することで，自分を相対的にとらえることもできます。人気ロックバンドback numberの『水平線』にもあるように，「自分の背中は自分では見えない」のです。フィールドに出ることによって，初めて自分とは何者であるかを気付くことがあるはずです。例えば，私はインドから帰ってきた成田空港の京成線のホームで，「白

線の内側に…」というアナウンスを聴いて，猛烈に親切な国にいることを自覚しました。

今日の解決策が，明日の問題を生まないために

フィールドワークは，世の中のシステム（構造）を理解する上でも重要な手段です。世界は，机上の論理や数字だけで動いている訳ではありません。有名な例で言えば日本のODA（政府開発援助）の失敗があります。例えば，途上国の政府に依頼されて水力ダムを建設したものの，地元の人々の強制退去やダム建設に伴う森林破壊が問題視されたという例などがあります。会議室で統計データだけを見て，当事者の声に耳を傾けなければ「良かれと思ったことが誰かを傷つける」ことになりかねないのです。

地理は自然と社会の関係をシステムとしてとらえることができる総合科学としての一面を持ちます。2022年度より高校で必履修化された地理総合でも，「持続可能な地域づくり」が大きなテーマとして掲げられています。また，フィールドワークは地理学以外にも，古くは社会学や文化人類学，最近ではマーケティング業界などでも重要視されています。

目の前にフィールドは広がっている

さて，本コラムの冒頭ではテクノロジーの出現によって情報そのものの在り方が変わってくることに言及しました。とはいえ，高校生の皆さんにとっては，インドの旅はあまりにハードルが高いかもしれません。しかし，玄関を一歩出れば，そこにフィールドは広がっています。

「どうして近所の本屋さんは廃業しちゃったんだろう。」

「どうして駅前の風景って，どこも同じような感じなんだろう。」

「どうして駅から離れると，だんだん工場が増えてくるんだろう。」

「どうして坂の上にある私の学校はバリアフリーに対応してないんだろう。」

五感で学ぶ本質的な価値は，「答えを探す」のではなく，「問いを立てる」ことにあります。AIは答えを出すことは得意ですが，（今のところは）論理的思考だけでなく感性も用いて問いを立てることは，人間の特権です。この本を閉じて，外に出て，世界をよく観察し，そして問いを立ててみてください。そこには，世の中を切り拓くヒントが無数に散らばっています。

第3章

国際大会 – 英語でチャレンジ

【国際大会 · 英語でチャレンジ】

Q. 国際大会はどんな大会ですか？

A. 国際地理オリンピック（iGeo）は，世界各国・地域から選抜された4名の代表選手が，地理的知識にもとづいた思考やスキルなどの「地理力」を，マルチメディア試験（MMT），記述式試験（WRT），フィールドワークエクセサイズ（FWE）という3種類の試験を通して競い合うために行われる大会です。参加選手は得点上位から約半数が1：2：3の割合で金・銀・銅メダルを獲得します。大会は試験だけではなく，各国・地域の選手が大会本部から提示されたテーマにもとづいて作成したポスターを発表するポスタープレゼンテーション，開催都市の周辺を見学する遠足，各国・地域の選手が交流する文化交流会などのイベントも行われています。2021年と2022年は新型コロナウイルス感染症の影響でオンラインで開催されました。2021年イスタンブールオンライン大会は日本代表全員がメダルを獲得し，国・地域別順位でも3位となりました。

Q. 試験はどんな内容ですか？

A. MMTは画像・動画で提示される図表や景観写真が現す様々な地理的事象について四者択一で解答します。WRTは資料をもとに地理的事象や地域の課題，地球的課題について文章で解答するものです。そして，FWEは大会開催地を歩きながら観察・調査を行い，それにもとづいた地図を作成したり，設問に解答したりするものです。いずれの試験も問題はiGeoのガイドラインに示された12のテーマと3つのスキルにもとづいて作問されています。12のテーマは，気候と気候変動，災害と災害管理，資源と資源管理，環境地理と持続可能な開発，地形，景観と土地利用，農業地理と食料問題，人口と人口変動，経済地理とグローバル化，開発地理と空間的不平等，都市地理，都市再開発と都市計画，観光と観光管理，文化地理と地域アイデンティティです。また，求められる3つのスキルは地図スキル・探究スキル・グラフィカシースキル（諸資料を読み取り，分析し，解釈する力）です。試験はすべて英語で出題され，択一式のMMTを除いてすべて英文で解答します。ただし，非英語圏の選手にはWRTやFWEでの時間延長が認められています。試験の配点はWRTとFWEはそれぞれ40%，MMTは20%です。

Q. 国際大会に参加するために，どのようなことを準備すれば良いですか？

A. 地理的能力としては，日本の地理教育ではあまり扱われない自然地理学の知識の習得が必要です。また，大会はすべて英語で行われるため，英語力も必要な能力です。代表に選ばれたならば，WRT の論理的な解答のための研修会も英語で行われます。加えて大切なことは，代表になったチームの仲間との協調性，大会会場で他の国・地域の選手・スタッフとコミュニケーションを図れる力です。日頃から近くの仲間とコミュニケーションを取り，異なる文化に興味を持つことは代表選手となるために必要な心がけです。

写真 1　2019 年香港大会

1. Multi Media Test （マルチメディア試験）

The Multi Media Test (MMT) has a similar format to the 1st selection contest of the national competition. While both competitions are PC-based, the MMT includes also cartoons and videos. As video questions are not contained in this book, please refer to the website of the International Geography Olympiad.

According to the schedule of the international competition, the MMT follows the Field Work Exercise (FWE) and the Written Response Test (WRT). The MMT time is set to 60 minutes to answer 40 questions.

As the question design follows the same guidelines for the national as well for as the international competitions, the question type is the same. However, more questions focus on physical geography and a small number of questions are asked about earth science.

The questions are posed in English, but are short and easy to understand. Even if English is not a strength, questions can be handled but knowledge of geographic terminology in English is necessary. For example, 広がる境界 and 狭まる境界 mean divergent and convergent plate boundary, 熱帯収束帯，中緯度高圧帯，寒帯前線 refer to Intertropical Convergence Zone, horse latitudes (high-pressure belt), and polar front.

＜日本語訳＞

　マルチメディア試験は，国内大会の第一次試験と類似の形式で実施されます。基本的には PC を使って出題されます。ビデオの問題はこの本には含まれていませんので，国際地理オリンピックの HP を見てください。

　国際大会の日程上，FWE や WRT のあとに行われます。なお試験時間は 60 分で問題数は 40 というのが今までの標準です。出題形式は国内大会とほとんど同じですが，イラストを用いた問題や動画の問題などが特徴的です。

　国内大会と同じガイドラインの下で出題されますので，出題傾向は同じです。ただし，自然地理の問題が比較的多いようです。日本の教育課程では地学に属する問題も出題されます。

　英語で出題されますが，形式上短文です。英語が得意ではなくても十分対応できます。ただし，地理関係の用語は英語で理解しておいてください。例えば広がる境界，狭まる境界は，divergent plate boundary，convergent plate boundary，熱帯収束帯，亜熱帯高圧帯，寒帯前線は，Intertropical Convergence zone, Horse Latitudes (high-pressure belt) and Polar Front といった具合です。

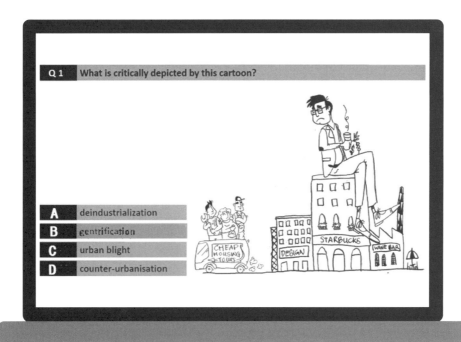

（2017　Belgrade）

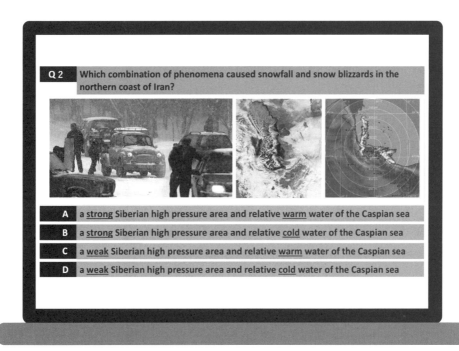

（2018　Quebec）

【urban geography, urban renewal & urban planning】

問1　解答　B

> 問題訳：この漫画で描かれているものは何か。
>
> 　　　A　脱工業化　B　ジェントリフィケーション　C　都市の荒廃　D　反都市化

国内大会ではみかけないイラストを用いた問題です。イラストは現実を強調して示すことができるので，かえって本質が読み取りやすいかもしれません。都市問題は世界的に共通の関心があり，国際大会でもしばしば出題されています。

同じ趣旨の問題が 2014 年クラクフ大会でも出題されたので紹介します（右図）。

Q.　These images depict a plan for a process of:
A. deindustrialization　　　B. gentrification
C. sustainable development　D. urban blight

＜関連用語＞
CBD, inner city, gentrification, bid-rent curve, new town, concentric zone theory, urbanization, counter-urbanization, suburb

【climate & climate change or hazards & hazard management】

問2　解答　A

> 問題訳：イラン北部の降雪および吹雪はどのような要因の組み合わせで生じたのか。
>
> 　　　A　強いシベリア高気圧とカスピ海の比較的暖かい海水
> 　　　B　強いシベリア高気圧とカスピ海の比較的冷たい海水
> 　　　C　弱いシベリア高気圧とカスピ海の比較的暖かい海水
> 　　　D　弱いシベリア高気圧とカスピ海の比較的冷たい海水

イラン北部の暴風雪に関しての問題です。写真や衛星画像等を組み合わせて出題されています。気候の問題では雨温図等で問う問題が定番ですが，この問題のように要因を理解することが求められる問題もあります。イラン北部の降雪のメカニズムは日本の冬の日本海側の降雪のメカニズムと同様です。つまり応用的な思考力が求められているのです。

＜関連用語＞
high pressure, low pressure, cold front, warm front, stationary front, air mass

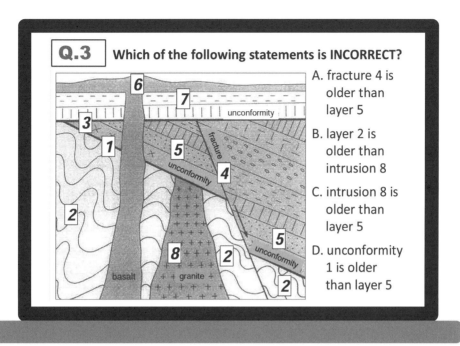

(2014 Kraków)

Q.4

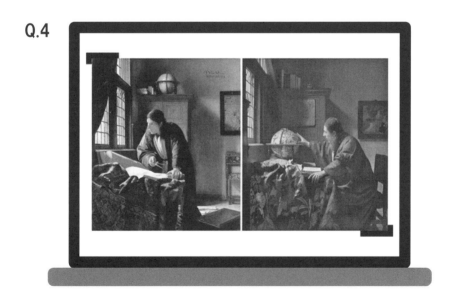

Vermeer painted The Astronomer and The Geographer in the 17th century. Which one is more likely The Geographer and why?

A. The left because of the interest in the Earth's movement.

B. The left because of the dividers used for measuring distances.

C. The right because of the presence of the maps.

D. The right because of the celestial globe.

(2021 Istanbul)

【landforms, landscapes & land use】

問3　解答　A

> 問題訳：どの文が誤っているか。
>
> 　　　A　破断4は地層5より古い　　B　地層2は貫入8より古い
>
> 　　　C　貫入8は地層5より古い　　D　不整合1は地層5より古い

　日本では，高校の地学もしくは中学校理科（第2分野）の学習内容ですので，国内第1次選抜試験ではあまり出題されません。地学関連の教科・科目が存在しない国ではこの内容は地理での学習範囲となり，国際大会ではしばしば出題されます。

　地層5は破断4によってずれているから，地層5が形成されたのちに破断が起こったと推定されます。

<関連用語>

layer, fold, anticline, syncline, active fault, normal fault, reverse fault, intrusion, unconformity

---

【graphicacy skills】

問4　解答　B

> 問題訳：17世紀にフェルメールによって描かれた「地理学者」と「天文学者」である。
>
> 　　　　左右のどちらが地理学者か。そのように選んだ理由は。
>
> 　　　A　左，地球の動きに関心を持っているから
>
> 　　　B　左，距離を測るのにディバイダーを使っているから
>
> 　　　C　右，地図が示されているから
>
> 　　　D　右，天球儀があるから

　有名な絵画なので知っている人も多いかもしれませんが，描かれた内容と文章から解答を導くことができます。17世紀のオランダは，メルカトルをはじめとする著名な地図製作者を輩出しました。地図製作は盛んで，フェルメールはほかの作品にも「地図」を描いています。

　絵画を使った出題も国際大会の特徴です。2018年ケベック大会では「ムンクの叫び」が出題されました。この時は，絵画から描かれた時代の自然環境を読み解くことが問題となっていました。観測データが整備されていない時代においては，絵画や古文書などが自然環境を復元するために用いられるといった調査分析方法にかかわる出題と考えて良いでしょう。17世紀のオランダの絵画もこうした出題に適しています。こうした絵画の代表例としては，ヘンドリック・アーフェルカンプの『スケートをする人々のいる冬景色』（アムステルダム国立美術館蔵）などがあります。

2. How to Write Answers in the Written Response Test of the International Geography Olympiad（国際地理オリンピックの記述式試験の出題例と解答の書き方）

The Written Response Test（WRT）is one of the three test elements of the iGeo competition（IGU Olympiad Task Force, 2023c）. The test consists of six topics about issues that are geographically and socially relevant balancing and integrating physical and human geography in the test（IGU Olympiad Task Force, 2023a）. Since 2021 （IGU Olympiad Task Force, 2021）, the test time has been shortened to a total of 150 minutes for students not educated in English. With a total of 75 marks students have roughly an average answer time of 2 minutes per mark, while answer length was set as ranging from short answers to paragraph length（IGU Olympiad Task Force, 2023a）. General strategies on how to improve scores on the WRT were described in the first edition of guidebook edition. These include a.） manage your time, b.） read the question carefully c.） write in your English, concise, and with terminology d.） describe and evaluate all data f.） exercise, exercise and exercise g.） keep your confidence （Parkner, 2018）.

The WRT has a specific marking scheme to which students in Japan, including the four representatives of Japanese iGEO team, are not used to. Even with profound knowledge of geography and geographical skills full marks are not reached when the marking scheme is not paid attention to. The following discussion fills this gap by describing this marking scheme with its marking levels. Deliberately only one sample question is given to elaborate how answers need to be adapted to the marking scheme. The sample question discussed here is on Sabo dams, or check dams. Such a dam is shown in figure 1. Additional, past questions can be accessed on the iGeo homepage （IGU Olympiad Task Force, 2023b）.

Photo2 : Sabo dams in the headwaters of Oi River in Shizuoka prefecture
(Photo by T. Parkner)

1. Point marking

In questions on point marking knowledge is tested. Knowledge needs to be remembered or causal relationships explained. Such questions typically start with "What is", "Define", "Name", "List", "Describe", "Give examples", "Suggest reasons" or similar. Answers are in form of short statements. As an example on Sabo dams, a typical question could be:

Q1: Describe two ways how Sabo dams function (2 marks)
To answer this question, a short brainstorming on two functions is necessary. Focus is on the two best answers, as additional answers do not receive additional marks. Typical ways include:
- Sabo dams are constructed in upstream areas of mountain streams to trap sediment which reduces river bed aggradation downstream
- Infilled reservoirs of sabo dams reduce the slope of the upstream catchment to reduce the velocity of water flow or debris flows
- Sabo dams stabilize stream channels. Therefore, channel bed erosion is stopped as well as undercutting of slopes which in turn leads to collapse of slopes.

This is not an exclusive list. Any other reasonable way receives marks. Typically, 0.5 marks are given per answer keyword. Thus "store sediment" receives only 0.5 marks as it is too short. In the WRT, cause and effect relationship need to be described in many questions. When the effect "to reduce river bed aggradation" is added to "store sediment", the full mark for one functions is earned.

2. Level Marking

Level marking was introduced in 2014 to motive students to write in "more extended prose" (IGU Olympiad Task Force, 2014). Like for point marking knowledge needs to be presented, but the focus of level marking is away from keywords towards longer and comprehensive answers. Answers with level marking require more detail and more depth. Level questions start commonly with "discuss" and "evaluate".
Next to a.) answer depth, also b.) evaluation, and c.) justification as additional marking types were added.

  a. Answer depth
When marked on answer depth, answers have to cover a multi-perspective view with a range of factors or impacts from different spatial and temporal (IGU Olympiad

Task Force, 2017). Ideally positive and negative effects are covered from physical and human geography.

A question on Sabo dams is:

Q2: Describe effects of Sabo dam construction (5 marks)

The physical geography-based functions of the answer of Q1 are a valid base for the first two out of five effects, while additional effects need to be diversified to cover a multi-perspective view. In many cases a maximum of 3 out of 5 marks are given when only positive or negative effects are discussed.

Answers may include the following effects, which are aimed to cover a multi-perspective view:

- Sabo dams protect threatened human life, property and economic assets from sediment disasters (integrated geography)
- Infrastructure needs to be developed to access remote area leading to economic vitalization of the region (human geography)
- Changes is species composition of flora and fauna (biology)
- On-site sediment storage leads to reduced sediment export to rivers. Excessive sediment storage leads eventually to sediment depletion at the coast which promotes coastal erosion (spatial scale increase, secondary effect)

b. Evaluation

Like questions marked on answer depth, also for evaluation marking answers need to be diversified. In addition, an evaluation in form of a comparative statement is needed. The question here could be:

Q3: Evaluate the effects of Sabo dam construction (3 marks)

As the answer is worth 3 marks, only 1 mark is given for reasons. Two or more reasons are needed for evaluation. The reasons need to be well explained with one of the reasons is from human geography and another reason from physical geography to ensure full marks.

The second mark is given for the classification of different aspects by including keywords such as "on the other hand" or "however". The last mark is for the comparison or a weighted conclusion, for an in depth analysis with secondary impacts, for different temporal and spatial scales, or for a consideration of a broader context.

c. Justification

The justification marking integrates all other marking types from point marking, over depth marking, to evaluation. In addition, the own opinion needs to be expressed and justified by arguing pro and con. This answer type needs careful attention, as Japanese students are unfamiliar to answer such questions with level marking - especially not in English. The sample question on evaluation marking is :

Q4: To what extent they agree or disagree the statement "The positive impacts of Sabo dams exceed negative impacts" (4 marks)

Marks are given on the writing ability, as knowledge on positive and negative impacts are expected. Full marks are given for excellently elaborated justification naming but refuting oppositions convincingly depending on agreement position. There marks are given for a full justification. Two marks are for satisfactory justification and only 1 mark for poorly elaborated justification depending on agreement position.

Strength and weakness of Japanese iGEO team members in marking levels

Experience gained in the intensive training program of the Japan Committee for International Geography Olympiad indicates that students in Japan, including the four representatives of Japanese iGEO team, are very confident in questions on point marking. Their knowledge level is very high, but attained marks decrease for questions on level marking. Students need to practice answering questions on level marking to be confident at the WRT at iGEO competition to attain medals.

Literature:

IGU Olympiad Task Force. (2014) The 2014 iGeo - Kraków, Poland. Available at: http://www.geoolympiad.org/fass/geoolympiad/2014/.

IGU Olympiad Task Force. (2017) The 2017 iGeo - Belgrade, Serbia. Available at: http://www.geoolympiad.org/fass/geoolympiad/2017/.

IGU Olympiad Task Force. (2021) The 2021 iGeo - Istanbul, Turkey. Available at: http://www.geoolympiad.org/fass/geoolympiad/2020/.

IGU Olympiad Task Force. (2023a) International Geography Olympiad - Guidelines for the Tests. Available at: http://www.geoolympiad.org/fass/geoolympiad/participation/test-guidelines.shtml.

IGU Olympiad Task Force. (2023b) Previous iGeos. Available at: http://www.geoolympiad.org/fass/geoolympiad/previous.shtml.

IGU Olympiad Task Force. (2023c) What is the International Geography Olympiad? Available at: http://www.geoolympiad.org/fass/geoolympiad/what-is-igeo/index.shtml.

Parkner T. (2018) Improving scores on the Written Response Test of the International Geography Olympiad - strategies for the Japanese Team. In: Executive Commitee of Japan Commitee for International Geography Olympiad (ed) Invitation to the Geography Olympiad: official guidebook and question collection Tokyo: Kokonshoin, 108-114.

＜日本語訳＞

　筆記テスト (WRT) は，地理オリンピックのテストのうちの 1 つです。自然地理学と人文地理学の内容を含む 6 つのトピックで構成されます。英語で教育を受けていない生徒は 150 分の制限時間のなかで，75 点満点のテストに取り組みます。WRT のスコアを向上させるためには,以下の 6 点が大切です。a.) 時間をしっかり管理すること,b.) 問題文を注意深く読むこと，c.) 簡潔かつ専門用語を使って英文を書くこと，d.) すべてのデータを読み取り記述すること，f.) 練習，練習さらに練習すること g.) 自信を持ち続けること。

　WRT には，日本の生徒があまり慣れていないと思われる解法があります。これを知らないと，どんなに深い知識やスキルがあっても得点が取れません。そこで,「砂防ダム」の問題例を取り上げて紹介します（ここでは問題例と解答例は抄訳されていません。ぜひ英語でトライしてみてください）。

1. 通常採点

　知識が試されるこの種の問題は通常，What is や Describe などの書き出しで始まり，解答は短文となります。例えば，「Q1:砂防ダムの機能を 2 つ説明してください（2 点）」という問題がでたら,まず 2 つの機能をよく考えます。英文の解答例（英語の本文参照）を踏まえると,「流下物を貯留する」ということと「河床の埋積を減少させる」というキーワードがそれぞれ 0.5 点となり，1 点は得られます。

2. レベル別採点

　レベルマーキングは，生徒により幅広いレベルで書くことを促すために 2014 年に導入されたものです。レベル別採点ではキーワードでの採点ではなく，より長文かつ詳細な解答を作成するにあたり，以下のような留意点が示されています。

　a. 解答の深み

「解答の深み」の基準を満たすためには，記述解答が複数の視点（マルチパースペクティブ）を含むことに加えて，色々な空間・時間スケールにおける様々な要素を含むことが必要です。また，良い影響と悪い影響を自然地理的側面および人文地理的側面から言及することも重要です。

　b. 評価（＝十分に読み取り判断すること）

「評価」の項目を満たすためには，対象を比較して記述することが必要です。

　c. 正当化

自分自身の考えを表現するとともに，是非を議論しながらその考えの正当化を示していくことが必要です（日本の生徒はこうした解答に慣れていないケースが多く見受けられます）。

　日本の生徒は，知識レベルは高いのですが，レベル別採点の各観点ではあまり得点で取れません。練習を積んでレベル別採点に慣れていくこととともに，自信をもって WRT などに進み，メダルを獲得してください。

3. フィールドワークエクセサイズ（FWE）（2018年：カナダ・ケベック大会）

大会の概要

　2018年にカナダのケベック市で開催された第15回国際地理オリンピックは，2018年7月31日から8月6日までの間，43の国・地域から165名の選手が参加しました。ケベック大会のおもな内容は表1の通りです。

表1　国際地理オリンピック　ケベック大会プログラム

日程	おもな内容
7月31日（火）	受付，キャンパスツアー，開会式（日本チームは7月29日夕刻離日し，モントリオール経由で7月29日夜到着）
8月1日（水）	記述式試験（WRT），ケベック旧市街地遠足，フィールドワークエクセサイズブリーフィング
8月2日（木）	フィールドワークエクセサイズⅠ（FWEⅠ）
8月3日（金）	フィールドワークエクセサイズⅡ（FWEⅡ），ポスターセッション
8月4日（土）	マルチメディア試験（MMT），カナダの文化交流会
8月5日（日）	遠足（アパラチア山系の森林散策と湖畔での音楽鑑賞）
8月6日（月）	閉会式，IGU開会式にて金メダリスト表彰式
8月7日（火）	各国出発（日本チームはトロント経由で8月8日午後に帰国）

フィールドワークエクセサイズ（FWE）の内容と特徴

　FWEは，フィールド観察（FWEⅠ）とその分析（FWEⅡ）から成り立っています。FWEⅠは，ケベック市内から北東へ約80 kmのベー・サン・ポールという地方都市を舞台に実施されました。ベー・サン・ポールは，セントローレンス川沿いに位置し，ケベック州のシャルルボワ地方に含まれます。シャルルボワ地方は，2018年6月にG7サミットが開催された地域でもあり，カナダ有数の保養地で観光業と農業が盛んな地域です。

　FWE前夜に選手のみ参加可能なブリーフィング（事前打ち合わせ）では，当日の行先は告げられませんでしたが，ある都市の中で2つの地域に行くこと，足元が濡れるかもしれないこと，バスで片道約1時間半の移動となることが伝えられました。それ以外は，持ち物や集合時間等の連絡が中心だったそうです。時程表には，移動時間を含めて10時間と長時間で，選手およびチームリーダー（引率者）共にどこへ連れていかれるのか楽しみであると同時に，不安と緊張感が漂っていました。翌朝，チームリーダーは同行できないため，試験会場のキャンパス内で選手が乗ったバスを見送りました。これ以降は，FWE後に選手から得た情報およびチームリーダーが後日現地を訪れた際の様子をまとめたものです。

　FWEでは市街地と河口の2カ所でフィールドワークが行われ，その内容は表3-2に示した通りです。また試験は個人戦で，選手同士で会話をしたり携帯電話で調べたりすることは禁止されています（ボランティアスタッフが近くで監視していたそうです）。

　まず，選手たちは市街地の観察を行いました。ベー・サン・ポールは，多くの画家に所縁があり，芸術をテーマにした観光化が進められています。市街地はチェーン店のような大型店は見られず，メイン通りを中心に，小さなギャラリーやレストランが数多くみられます。

表 2　フィールドワークエクセサイズの主な出題内容

		時間	出題内容
F W E I	TASK 1A	15 分	地域の概要を読む
	市街地にて	75 分	・**市内にある芸術的・歴史的な文化遺産の一覧を完成させる** 　例）・画家の銅像の位置を地図に示す 　　　　・銅像以外に芸術や歴史に関するものを見つけ地図に示す 　　　　・芸術や文化遺産に関する商業的なものを見つけ地図に示す 　　　　・見つけたものの特徴を表にまとめる ・**魅力的でない地域・この街の文化的景観を阻害しているものを見出す** 　例）・魅力的でない 3 つの地域を地図に示す 　　　　・それらの 3 つの地域の現在の機能・特徴を表にまとめる 　　　　・市街地と住宅地の境界線を地図に示す
	TASK 1B	15 分	地域の概要を読む
	河口にて	75 分	・土地利用や植生の観察 　例）・河口付近の 7 つの地域の土地利用・植生の特徴を表にまとめる 　　　　・7 つの地域が人または野生生物にどのように利用されているか 　　　　・この地域の環境へ損傷や障害を与えているものを見つけ地図に示す 　　　　・それらの損傷が自然的または人為的なものか，分類して説明する ・河口について 　例）・この地域がエスチュアリーである根拠を述べる 　　　　・陸上と水生的な景観の境目に何があるか 　　　　・この位置に砂浜が形成された理由を述べる
F W E II	翌日大学にて	140 分	・前日に観察したことをもとに市街地の地図を作成する 　例）・前日に観察した文化遺産を 4 ～ 6 に分類し表にまとめる 　　　　・画家の銅像や縮尺，凡例を地図に必ず入れる 　　　　・街の観光化に役立っているものを地図に必ず入れる ・観光客や街の計画者への提言 　例）・地域の人々に知らせると良い景観の境界を地図に示す 　　　　（豊かな文化的景観のあるコアエリア，中程度の文化的景観のある周辺地域， 　　　　　早急な対応が必要な地域を必ず含むこと） ・住民アンケートをもとにした街への提言 　例）・上述した早急な対応が必要な地域への改善策を提案する 　　　　・中心地拡大にむけた今後の開発計画を提言する

注）邦訳は林が行った。

　その一方で，メイン通りから約 2 km 離れたセントローレンス川に注ぐ支流の河口付近は，汽水域で潮の香りがしました。砂浜では日焼けを楽しむ人々やカヤックがみられ，人々の憩いの場になっていました。

　今大会の FWE は，時間配分を自ら行い，多くの項目を理解し，その視点で街を観察し英語で答える必要がありました。学校周辺等を自由な発想で観察することが多い日本の地域調査をイメージしていると，戸惑いが大きかったかもしれません。また，現地の看板はすべてフランス語で，商店調査は外観だけでは判断し難いようでした。さらに，現地調査が不十分であると，翌日の試験の解答は非常に困難なものとなりました。そして，市街地と河口という 2 つの地域をどう結び付け，持続可能な社会にするかという考察力と構想力を要する問題構成でした。

FWE I（TASK 1A）の実例

　FWE I の TASK 1 では，表2にまとめたように「市内にある芸術的・歴史的な文化遺産の一覧を完成させる」ことと「魅力的でない地域・この街の文化的景観を阻害しているものを見出す」ことが求められました。いずれも，個人で観察した内容を表や地図に屋外でまとめ解答します。時間内に決められた場所に戻ってくる必要も当然あります。

　ベー・サン・ポール市の中心部の様子は，写真3の通りです。これらの写真は，後日チームリーダーが現地を訪れた際に撮影したものです。芸術的なものは，例えば写真3（a）のように，芸術家の像が街中にあり，それらを見つけて凡例を作り，解答用紙の地図（図1）に位置を示す必要がありました。また，フランス語圏ですが，商店の看板をよく見ると写真3（b）のようにギャラリー（アトリエ）と書いてあり，絵画を展示したり売ったりしているお店があることも分かります。対面での FWE では，お店の中を覗くことも可能です。

　また，街の景観については，写真3（c）からメイン通りは車が一方通行ですが，歩行者（観光客）が多く，交通・安全性の問題を指摘することもできるでしょう。さらに，メイン通りの先は写真3（d）のような橋になっており，橋の先の住宅地には電線が見えるように，メイン通りと住宅地の景観の違いを観察から見出すことができます。市街地と住宅地の境界線の問題については，このような観察力が問われたと思われます。いずれにせよ，解答用紙に記入する時間を含め，かなり慌ただしい調査・試験になったのは言うまでもありません。

a. 芸術家の像

b. ギャラリー（アトリエ）

c. メイン通り

d. 住宅地周辺

写真3　TASK 1A の地域
（FWE の後に，チームリーダーの林が撮影）

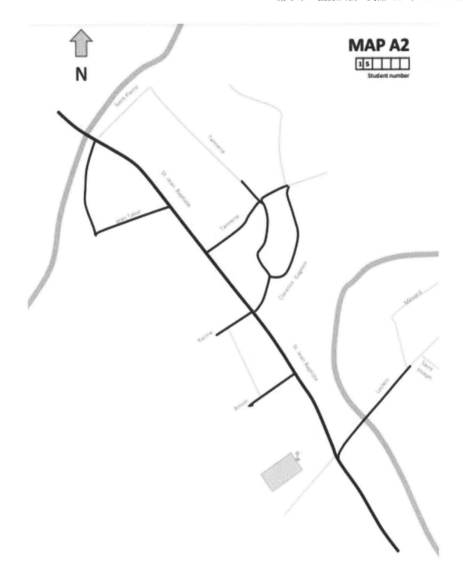

図 1　TASK 1A の解答用紙（地図）の一部

FWE I（TASK 1B）の実例

　FWE I の TASK 1B は，セントローレンス川の支流の河口が舞台となりました。選手たちは，前日のブリーフィングでの「足元が濡れるかもしれない」という情報の意味がここに来てわかったそうです。

　「土地利用や植生の観察」については，図 2 のように配布された解答用紙上の写真判読だけでなく，実際に現地を歩いて観察する必要がありました。河口は，写真 4（a）のように広い砂浜海岸が広がり，人々の憩いの場になっていました。さらに，その奥には森林が，さらに奥には農地が広がっていました。写真 4（b）は，河口から少し離れた地域の様子ですが，トウモロコシの栽培がみられました。限られた時間で，かなり広範囲を観察する必

図2　TASK 1B の解答用紙の一部

a. 河口の様子

b. トウモロコシ畑

写真4　TASK 1B の地域
（FWE の後に，チームリーダーの林が撮影）

要がありました。ある選手によると，足元の悪い砂浜を走り続けて，体力的にも大変な試験だったようです。

　フィールドワークは，地理だけで行われているものではなく，生物や地学でも実施されています。日本では，地理と生物，地学は別の科目として扱われますが，欧州を中心に世界では地理の中に生物や地学の内容が多く含まれています。この TASK 1B の試験はまさに，自然地理的な（特に生物に関する）観察力と知識が必要な試験でした。また，これらの観察から地域を大観したことは，翌日の FWE II で意思決定に関する解答にも必要な情報となりました。

　このように，国際地理オリンピックの最大の特徴といえる FWE は，①景観観察力，②問われたことに忠実に答える力，③地図作成能力，④自然地理的な（生物または地学に関する）知識と観察力，⑤体力と計画性（時間内に解き終わること），⑥英語力などが求められ，geographer としての総合的な力が試されるものとなっています。

4. フィールドワークエクセサイズ［オンライン開催］(2021年:トルコ・イスタンブール大会)

大会の概要

　本項で紹介する第 17 回国際地理オリンピックは，トルコ・イスタンブールをホストシティとした，国際地理オリンピック初の"オンライン大会"になりました（期間：2021年 8 月 11 日から 15 日までの 5 日間）。大会には 46 カ国・地域から 182 名の選手が参加し，参加チーム・選手数は，ともに過去最高でした。

　ここで，初の"オンライン大会"となった経緯を記しておきます。イスタンブール大会は，本来 2020 年夏に現地（イスタンブール）で実施されることになっていましたが，世界的な新型コロナウイルス感染症の影響で中止となりました。2021 年の実施についても不透明な状況が続いていましたが，この間にオンライン会議システムや，各種のデジタル教育ツールが普及したこともあり，これらのツールを最大限に利用することで，オンライン大会形式でようやく実施が叶いました。日本国内においても感染症の蔓延状況が心配ではあったのですが，日本チームはメンバーが揃った合宿形式をとり，東京近郊にあって感染者数が少なかった神奈川県湯河原町の宿舎からオンラインで参加しました。大会期間中は選手・スタッフ全員が感染予防に努め，感染者を 1 人も出すことなく大会を終えました。

　大会日程は表 3 の通りです。日程は，例年の現地開催される国際地理オリンピックとほぼ同じです。一方で，時程は GMT を用いて行われたため，試験や諸活動は，日本時間の夕方から深夜にかけて行われました。日本チームにとっては，大きな時差ボケが発生しないスケジュールとなり，比較的臨みやすかったといえます。なお，このような特殊な状況のもとでの国際地理オリンピックへの参加でしたが，日本チーム（4 名）の成績は，金メダル 2 名，銀メダル 1 名，銅メダル 1 名という全員メダルを獲得（金メダル 2 名は初）しました。国・地域別順位は 3 位という堂々たる成績を収めました。

表 3　国際地理オリンピック イスタンブール（オンライン）大会プログラム

日程	主な内容
2021 年 8 月 10 日（火）	JR 湯河原駅集合，宿舎チェックイン（神奈川県湯河原町）
11 日（水）	開会式，マルチメディア試験（MMT）
12 日（木）	記述式試験（WRT），フィールドワークエクセサイズ（FWE）のイントロダクション
13 日（金）	フィールドワークエクセサイズ（FWE）
14 日（土）	ポスタープレゼンテーション
15 日（日）	閉会式
16 日（月）	宿舎チェックアウト，JR 湯河原駅にて解散

　なお，2022 年開催の第 18 回国際地理オリンピック，フランス・パリ大会もオンライン大会として実施され，日本チームは 2021 年と同じ宿舎からオンラインで参加しました。

フィールドワークエクセサイズの内容と特徴

FWE は，フィールド観察に関する問題（FWE I）および，観察した地区における意思決定に関する問題（FWE II）から構成されています。今大会のフィールドは，イスタンブール中心部から北に位置する Sarıyer 地区にある，都市公園 Atatürk Kent Ormanı（ボスポラス海峡から 2 km ほどヨーロッパ側）とその周辺地域から出題されました。

今大会の FWE はオンライン大会ということもあり 1 日で完結しましたが（現地で行われる場合は 2 日間になる場合もあります），FWE 前日に開催される FWE イントロダクションでは，出題される地域の地理的な概要説明が行われるため，実はこの時点から試験は始まっているのです。例年，イントロダクションが行われた日の夜は，翌日にどのような問題が出題されるのかをチームで検討し合うのが習慣です。

FWE の問題は，大会初日に行われたマルチメディア試験（MMT）と同様，すべてインターネット上の特設サイトから配信され，制限時間内のみ閲覧が許される形式がとられました。フィールドの様子を示した写真と問題が掲載されたスライドが特設サイトから配信され，それを閲覧して選手たちが解答していく形式でした。また，試験中はチームリーダーが自国チームの試験監督を行いつつ，オンラインで配信される他国の様子も相互に監督するという方式がとられました（写真 5）。また，カメラがオンでもマイクをオフにした状態で試験を行うと，口頭による不正行為（解答の教え合いなど）が発生する可能性があるので，これを防止するために，各国ともオンライン試験時にはマイクをオンにするように指定されました。その結果，チームリーダーの PC のスピーカーからは，ヨーロッパのある国からは，現地の正午の時刻に教会の厳かな鐘の音が鳴り響いたり，イスラーム圏のある国からは，礼拝の時刻にお祈りの放送が流れたりするなどのハプニングも生じ，オンライン試験方式だからこその「文化交流」がみられました。

写真 5　オンライン試験時の様子（林 靖子撮影）
試験室の前後にチームリーダーが座り，PC を見ながら自国チームの監督をしています。

FWE I の実例

　フィールド観察に関する問題である FWE I （60 分・15 点）の問題の概要は表 4 に示した通りです。5 つの大問「1. イスタンブールの建造物の高さ（図 3）」「2. 地中海の植生」「3. 東トラキア（ヨーロッパ・トルコ）地質」「4. 河川」「5. 傾斜地への建築」が順に出題され，これら解答をもとに考える「まとめの問題（図 4）」の計 6 つの大問構成でした。

SITE 1. ISTANBUL HEIGHTS

1.A. Is the absolute height (elevation) of the hotel building higher than pillars of bridges over The Bosphorus strait?

1.B. Estimate the difference (in meters) of the height of this building and the pillars of the highest bridge over The Bosphorus.

Write your answers on the Response Sheet and move to the next site.

Fig. 1a. Hotel building near Site 1.　Fig. 1b. The 15 July Martyrs Bridge.

Fig.1c. The Fatih Sultan Mehmet Bridge.　Fig.1d. The Yavuz Sultan Selim Bridge.

図 3　大問 1・イスタンブールの建造物の高さ

Fig.1a の建設中のホテルの 1 階分は 2.5 m として計算させる問題。Fig.1b-1d は，ボスポラス海峡に架かる橋の写真です。

CONCLUDING QUESTION

Near the Ataturk urban forest several traditional rural style houses can be found. Until 1937, there was a settlement here, named *Çamlıtepe Village*.

- Which features of this geographical location have benefited the development of this settlement?

Fig. 1a. Historical photo of Çamlıtepe Village　Fig. 2b. Old country style house (slum) near the park

図 4　まとめの問題

　いずれの問題も現地で開催できなかった分，写真が多用されているのが特徴的です。また，高さや角度などの計算を必要とする問題や，日本では生物，地学に分類される問題（大問2・大問3）の出題もみられました。そして，日本チームメンバーが難しかったと感想を残しているのが，大問1〜5の問題と「まとめの問題（図4）」にどの程度の関連性があるのかを検討することでした。短時間でつながりを導きだすのはとても苦労したようです。

表4　FWE I の問題の概要

FWE I （フィールド観察）	
1. イスタンブールの 　建造物の高さ	A：ホテルの建物の高さは，ボスポラス海峡にかかる橋の柱と比べて高いか低いか。 B：このホテルの建物の高さと，ボスポラス海峡に架かる最も高い橋の柱の高さの差を計算する。
2. 地中海の植生	A：地中海沿岸にみられる5種類の植生について，一般的な名称とそれぞれの植生が分布する大陸を説明する。 B：6つの植物を示した写真の中から，現在イスタンブール市街地の森林に自生していない種を選ぶ。
3. 東トラキア 　（ヨーロッパ・トルコ） 　の地質	（写真や図を参照して解答する） A：露出している岩石とその起源を答える。 B：ここでボーリングした結果を表とした年代層序表のうち，省略されている地質時代名を答える。 C：写真にある岩石を，年代層序表の中に当てはめる。 D：このボーリングで発見されなかった岩石を，写真から選び，その起源を答える。
4. 河川	A：地図上で，都市公園内を流れる河川集水域を示したうえで，この河川の年間流出量を推定する。 B：都市部の家庭で，一人当たりの水消費量の目安を150リットルとした場合，この川から生活に必要な水をすべて得ることができるのは何人か。 C：実際には，Bで求めた人数よりさらに低くなる理由。また，Bで求めた人数に近づけるためには，どのような対策をとればよいか。
5. 傾斜地への建築	A：問題文で説明された位置を白地図上にプロットする。 B：Aで求めた地点と，指定された地点との間の平均勾配（傾斜角度）を求める。 C：都市公園周辺でA・Bで求めたような急勾配の斜面に建物を建てる場合，どのような危険があるか。
まとめの問題	アタチュルク都市公園の近くには，斜面に建設された伝統的な農村スタイルの家がいくつか見られる（写真を提示）。どのような地理的状況が，この集落の維持発展に寄与したのか。

注）中村光貴が意訳した。

FWE II の実例

　フィールド観察した地区における，意思決定に関する問題であるFWE II（120分・25点）の問題の概要は表5の通りです。FWE I で得た情報を活用しつつ，新たな資料をもとに考察を進める問題でした。

　具体的には，都市公園周辺に関する「1. 3つの区域の人口密度（図5）」「2. 交通アクセシビリティ（図6）」「3. 衛星画像から土地利用図作成」「4. 宅地開発に関する自然環境・都市開発のメリット・デメリット」「5. 宅地開発案のレイアウト地図作成」の計5問でした。大問1〜3で都市公園 Atatürk Kent Ormanı 周辺地域の特徴や課題を複数の視点から整理したうえで，大問4で宅地開発に関する意思決定を行い，大問5で宅地開発の具体的なプラン（レイアウト）を提示するという問題構成でした（図7）。

　FWE Ⅱは，対象地域についてスケールを変えながらマクロ・ミクロの視点で考察し，自然的・人文的環境の両側面から持続可能な開発のありかたを選手に求めた問題であったといえます。

表5　FWE Ⅱの問題の概要

FWE Ⅱ（意思決定）	
1. 3つの区域の人口密度	統計，地図，衛星画像，ストリートビューなどから，3つの区域についての a）推定敷地面積，b）推定人口，c）推定人口密度をそれぞれ算出する。
2. 交通アクセシビリティ	この地域の交通インフラとネットワークが示された地図をもとに，交通アクセシビリティの推定レベルが最高，中，最低の3地域（800 m × 800 m）を，白地図に書き込む。あわせてその3地域を設定した理由を説明する。
3. 衛星画像から土地利用図作成	衛星画像を読み取り，対象地域の土地利用図を作成する。対象地域に立地する住宅を少なくとも2種類に分類する。また，非造成地も2種類に分類する。その際分類の根拠を説明する。
4. 意思決定問題	地元自治体は，この地域のA区画で新たな宅地開発（敷地面積約25,000m³，10,000人収容）を検討している。A区画の立地上の利点・欠点について，自然環境・都市開発の両側面から推察されることを説明する。
5. 宅地開発案のレイアウト地図作成	宅地開発のレイアウト地図を作成する。その際，次の5点を考慮に入れること。i）空間的な配置，ii）建物の密度，iii）建物の高さ，iv）住宅の種類，v）敷地内に収容されるべき対象人口。地図化したi）〜v）について簡潔に説明も行う。

注）中村光貴が意訳した。

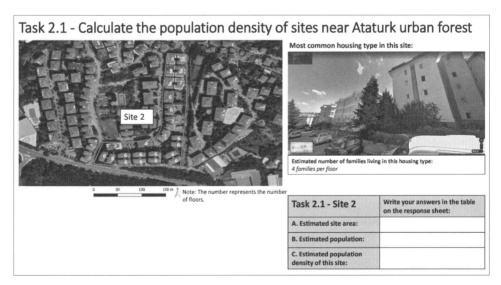

図5　大問1・都市公園周辺の人口密度を計算する問題

いくつかの統計，地図等をもとに，衛星画像とストリートビューからおよその人口密度を算出。同様のスライドが別に2枚あり，3地域の比較を行うことになります。

144

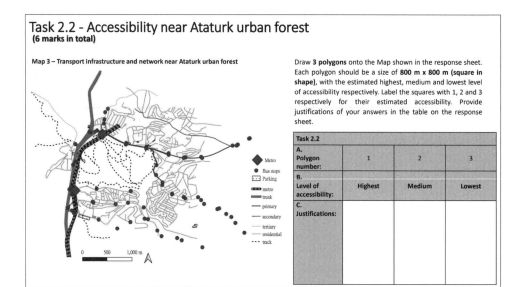

図 6　大問 2・交通アクセシビリティに関する問題

交通に関する主題図（Map3：左図）を読み解いて解答する問題となっています。

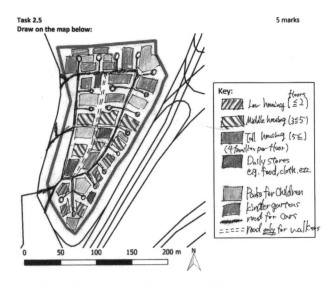

図 7　大問 5 の日本チーム選手 A さんの解答（原本はカラー）

図の太枠で囲われた地域でどのような宅地開発を行うかのレイアウトを作成。
作図した「建物の配置，密度，高さ」，「建設される住宅の種類」の詳細，その
根拠を文章で説明します。

5. ポスタープレゼンテーション

　ポスタープレゼンテーションは，参加国・地域が地理的なテーマに基づいて英語で作成したポスターを展示し，聴衆に向かって発表するものです。ポスターの作成，聴衆への説明はもちろん全員が英語で行います。世界大会でのポスタープレゼンテーションの時間は，お互いの国・地域について学べることに加え，発表者と聞き手がコミュニケーションを行うことで，多数の人と交流をする機会にもなっています。例えば，2018 年ケベック大会において，日本代表生徒 4 名は浴衣や甚平を着用して発表を行いました（写真 6）。他の国・地域の人も民族衣装を着用することが多く，筆記試験の際とは異なる明るい雰囲気に会場が包まれます（写真 7）。

　近年は，統一テーマが大会本部から示され，それに基づいてそれぞれの国・地域の特徴をポスターにして発表する形式となっています。2017 年ベオグラード大会のテーマは「あなたの国の若者向けの観光資源」でした。それゆえ，日本代表の強化研修会のテーマも「ユースツーリズム」とし，アニメーションの聖地巡礼をイメージして埼玉県川越市を舞台としたポスターを作成しました。2017 年 6 月に開催された第 1 回強化研修会は現地でフィールドワークを行い，7 月の第 2 回強化研修会では各自がまとめたフィールドワークエリアの特徴と課題について情報交換を行いました。そして，大会テーマに基づいたポスターの作成に取りかかりました。

　その結果，日本代表のポスターが世界大会で見事 1 位を獲得しました（図 8）。テーマに向き合い，自ら調査を行い，地域の課題を明らかにし，その解決策をチーム内で議論し提言した内容が上手に表現されている点が，審査員から高い評価を得たようです。閉会式では，ポスタープレゼンテーションの順位が 3 位，2 位の順に発表され，1 位で「Team Japan」の名前が呼ばれた時，日本選手団は歓喜に沸きました。このことは代表選手 4 名のチームワークの良さを象徴する結果と同時に，ポスター作成にあたり 2016 年北京大会のポスタープレゼンテーションで 3 位を獲得した OB や，国内各地の実行委員がアドバイスを行い，関係者が一丸となった成果といえるでしょう。今後もこの流れを大切にし，世界 1 位を目指してほしいと思います。

写真 6　ポスタープレゼンテーションの様子
（ケベック大会）

写真 7　ポスタープレゼンテーションの様子
（ベオグラード大会）

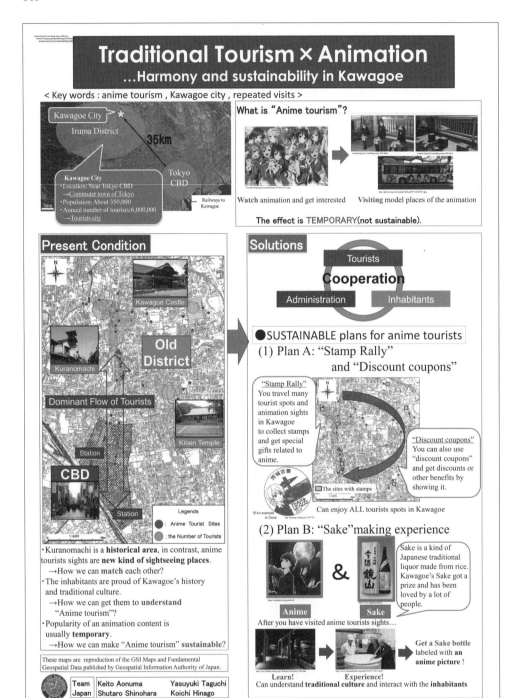

図8　ポスタープレゼンテーションで世界第1位を獲得したポスター（2017年）
テーマは「あなたの国の若者向けの観光資源」

【コラム　地理力を磨く―環境地図作品展と日本地理学会の高校生ポスターセッション】

　全国各地では様々な地図展が開催されています。北海道旭川市の環境地図教育研究会が主催する「私たちの身のまわりの環境地図作品展」は，そうした地図展の中でも，他にはみられないユニークな特徴を持った地図展です。

　応募作品は，大きさなどに制限はあるものの，内容が「身のまわりの環境について自分で調査したこと，観察したこと，考えたことを地図にしたもの」（同研究会 HP より）で，小学校 1 年生から高校 3 年生までの児童生徒であれば，全国どこからでも応募が可能です。さらに海外の学校からも応募も受け付けています。その代わり，審査も学校種・地域を問わず行われるので，ある年は小学生の地図がまたある年は高校生の地図が最優秀賞に選ばれることがあります。また，児童生徒が自由に発想したテーマの募集だけでなく，毎年，研究会が指定するテーマでも募集（例えば，2021 年は「健康」，2018 年は「におい」）しています。同研究会 HP（https://www.environmentalmap.org/）では，これまで入賞した数多くの地図が掲載され，閲覧が可能です。

図 9　環境地図作品展のポスター

　日本地理学会が主催する高校生ポスターセッションは，年 2 回（春と秋）の学術大会で唯一高校生が研究した成果を 1 枚のポスターにまとめて発表できる場です。これは「高校生も学会会員になれますか？」という地理好きの高校生の一声から始まったそうです。2023 年春の大会で，開催されてから 10 年目を迎え，出品数も年々増加傾向にあります。このイベントは高校生と大学の先生

写真 8　日本地理学会主催の高校生ポスターセッションの様子

方，大学院生，そして全国の高校生と交流できる貴重な機会となっています。応募は無料でテーマも自由ですが，発表の可否を決める事前審査があります。さらに，優秀なポスターには会場での審査で地理学会長賞などが授与されます。

　国際地理オリンピック日本選手権の参加者の中には，このポスターセッションで発表経験がある人もいるでしょう。実際に，高校生ポスターセッション経験者が日本代表となり，その経験をいかしてポスターを作成，国際地理オリンピック国際大会のポスタープレゼンテーションで3位入賞をしたこともあります。また，日本代表が国際地理オリンピック国際大会で発表したポスターは，参考作品として高校生ポスターセッションに出品し，多くの方々に見てもらっています。興味のある人は，高校生以下の学術大会参加は無料ですから，発表ポスターを実際に見ることが出来ます。また，ぜひ日本地理学会 HP（https://www.ajg.or.jp/）を見てください。応募方法やこれまでの発表要旨，入賞ポスターのタイトル等が確認できます。

　国際地理オリンピックを目指す人はもちろん，地理に興味を持っている皆さん，地図展や高校生ポスターセッションに応募・参加して，ぜひ地図力・地理力を磨いてください。

6. エクスカーション（2014年：ポーランド・クラクフ（Kraków）大会）

　iGeo の大会では，すべての試験が終了したのち，開催都市やその近郊を訪ねるエクスカーション（遠足）が行われています。2014年のクラクフ大会では，ユネスコ世界文化遺産である旧市街をフィールドワークエクセサイズとの兼ね合いで訪ねているので，試験後のエクスカーションでは別な世界遺産であるアウシュヴィッツ強制収容所とヴェリチカ岩塩坑などを訪れる行程が組まれていました。また，ただこれらの場所を訪ねるだけではなく，隣国スロバキアとの国境付近を自転車で走るなどのアクティビティも行われ，充実した内容でした。選手達は連日行われた試験の緊張から解放され，リラックスしながら参加していました。また，他国・地域の選手と交流する貴重な機会ともなったことでしょう。

アウシュヴィッツ強制収容所

　日本でも「負の遺産」として知られ，数百万人が犠牲になったとも言われる有名な場所ですが，実際に現地を訪ねて見ると，迫害され連れてこられたユダヤ人がいかに過酷な環境に置かれたかが体感できます。写真9は有名な強制収容所の門で「ARBEIT MACHT FREI（働けば自由になる）」と書かれています。働いても収容された人々を待ち受けていたのは辛い日々だったのですが…。

　様々な国・地域の選手はそれまでお互いに賑やかに交流していましたが，現地の重い空気を感じて，静かになりました。ここは，選手以外にも多くの人が訪問しており，観光地化され過ぎている感じはありました。しかし，強制労働や人体実験が行われてきたことは人類が向き合わなければならない「負の歴史」で，現地を訪ねることでしか感じ取れないものもあります。現地は夏でも涼しく（訪問時は8月でしたが20℃未満でした），冬場になると−20℃以下を記録する大変厳しい気候環境です。続いて，収容された人々の所

持品が多数展示されているアウシュ
ヴィッツを後にして，ビルケナウに
向かいました（写真 10）。ここは，
アウシュヴィッツから約 3 km 離れ
ていて，こちらは展示品があるとい
うよりも野外博物館という言葉が似
合います。鉄道の引き込み線が途切
れ，先が見えないイメージを想起さ
せる殺風景な景観のため，ビルケナ
ウの方が物悲しい雰囲気です。なお，
アウシュヴィッツというのはドイツ
語によるもので，ポーランド語では
オシフェンチム（Oświęcim）と言
われます。

写真 9　アウシュヴィッツ強制収容所

ヴェリチカ岩塩坑

　名前の通り，岩塩を地中で掘った
遺構です（写真 11）。13 世紀から
1996 年まで岩塩の採掘が行われて
いました。その途中で命を落とす人
も多く，内部に礼拝堂が作られ，観
光客が訪ねています。また，採掘を
している様子を復元した展示もあり
ます。日本では知名度が高い世界遺
産ではありませんが，クラクフ旧市
街とともに 12 件登録された最初の
世界遺産の 1 つです。その深さは
100 m にもなり，見学のスタート
は螺旋階段を何段も下っていくとこ
ろから始まります。あまりに階段を
降りていくので，その深さについて
身をもって感じ取れます。塩を採掘
している場所は他にもありますが，
塩が当時の交易で重要な役割を果た
したことなど，勉強になりました。

写真 10　ビルケナウ強制収容所

写真 11　ヴェリチカ岩塩坑

お土産に岩塩のほかバスソルトなども購入できます。このような買い物もそれぞれの地域
の文化の違いを感じることができる貴重な機会です。

アクティビティ

　大会本部はただ単に様々な場所を訪ねるだけではなく，様々な活動を提供してくれました。クラクフ大会では国境に沿った小道を自転車で移動し，スロバキアとの国境を簡単に越える体験をしました。地続きの国であっても隣国とは往来が難しい国も少なくありません。エクスカーション当日の出発前に，スタッフから「パスポートは必ず所持しているように」と念押しされていましたが，参加者はまさか自分たちが隣の国に入っているとは思いもしていません。隣国とのパスポートチェックが不要で，往来が可能となるシェンゲン協定を体験する貴重な機会でした。

　また大会では，会場として大学や大人数が宿泊できるセミナーハウスのような場所を使うことが多いので，食事は学生食堂のような場所で食べることが多く，現地のレストランなどで食べる機会ほとんどありません。しかし，エクスカーションでは食事も現地のレストランなどで楽しむことができます。当日は，大会期間中で最も気温が低い日でしたので，ポーランド風のスープであるジュレックで身体が温まったことを今でも覚えています。

第4章

世界への道「受験ガイド」

1. 受験するには

　科学地理オリンピック日本選手権（以下，日本選手権）は，国際地理オリンピック（iGeo ＝ International Geography Olympiad）への出場者の選抜を兼ねており，国際地理オリンピック日本委員会が主催し，公益社団法人日本地理学会，公益社団法人地球惑星科学連合，国立研究開発法人科学技術振興機構（JST ＝ Japan Science and Technology Agency）との共催で毎年実施しています。日本選手権は，2007 年にスタートして以来，2023 年現在で 17 回目を数え，その目的は，「受験者が各種試験に挑むことで地理的能力を競い，日本の地理教育の振興を図るとともに，国際標準の問題に挑むことで世界が求める地理の学力を理解し，地理が果たすべき社会貢献のあり方について考えること」にあります。

　日本選手権の受験資格は特にありませんが，iGeo への出場資格が「開催年の 6 月 30 日現在で高等教育を受けていない 16 〜 19 歳の者であること」が条件で，各種試験についても高校「地理総合」「地理探究」の授業で扱う内容をベースに問題が作成されているため，受験者の大部分は高校生が占めています。もちろん，中学生も少数ですが，毎年受験者がおり，人によっては継続的に受験を繰り返し，高校入学前にメダリストに，入学後に日本代表に認定される場合もあります。全体の受験者数は年によって変動はありますが，おおむね 1,000 〜 1,400 人程度で推移しています。

　日本選手権の募集要項は，毎年 9 月初旬にリーフレットや国際地理オリンピック日本委員会（以下，日本委員会）のウェブ上（http://japan-igeo.com/）で公表されます。リーフレットについてはポスターとともに，共催団体の JST から全国約 2,500 の高校・高専等へ郵送されるので，受験を考えている人，興味のある人は地理担当の先生に申し出てそれを見せてもらうと良いでしょう。要項を見た上で，受験を決意したら，9 月初旬〜 11 月中旬の募集期間の間に各自ウェブ上で申し込みを行います。学校単位で申し込むことも可能で，その場合は地理担当の先生を通じてウェブ上で申し込みを行います。

　日本選手権は，第一次試験（12 月第 2 土曜日実施），第二次試験（2 月第 3 日曜日実施），第三次試験（3 月第 2 土曜・日曜日実施）の 3 段階からなっており，第一次試験はマルチメディア，第二次試験は記述式，第三次試験はフィールドワークの試験がそれぞれ課されます。第一次試験は 2020 年までは全国各地で対面実施されていましたが，新型コロナウィルスの感染拡大が深刻化した 2021 年は臨時的措置としてオンライン実施となりました。その翌年には感染状況が幾分緩和したものの，自宅や学校で手軽に受験できるという利点もあり，オンラインへ移行しています。第二次試験と第三次試験（2020 年は実施せず）は 2021 年，2022 年は第一次試験と同様の理由でオンライン実施でしたが，2023 年より対面実施が再開され，前者については従来同様，東京や大阪など全国主要都市で会場が設定されています。後者について，実施場所は試験当日まで非公表となりますが，特徴的な地理的事象を有し，また地理的課題を明確に見出すことのできる日本国内のいずれかの地域が選定されることになっています。なお，各種試験の内容等の詳細については，第 2 章を参照してください。

2. 日本代表になる

（1）日本選手権の各種試験の特徴

　日本選手権は，iGeo に準じ，国際地理学連合タスクフォースが示す「試験ガイドライン」に基づいて実施されています。以下，各種試験の特徴について取り上げていきます。

　第一次試験は，スライドで提示する地図・図表・写真などを用いた問題に答える四者択一式の試験です。解答時間は 60 分，問題数は 50 問。そのうち 10 問は英文での設問となっており，それに対処するための紙媒体の辞書の持ち込みが可能となります（第二次試験・第三次試験も同様です）。出題内容は，大学入学共通テストに準じて，高校地理で学習するすべての領域から出題され，試験（100 点満点）の成績上位 100 名程度が第二次試験へ進出します。

　第二次試験は，知識や概念をベースに思考力・判断力・表現力の程度を資料の読解を通じて診断する形式で，解答時間は 120 分となります。自然地理から人文地理を網羅した幅広い項目から出題されます。とりわけ，自然地理については，現象のメカニズムを問うなど地学的な内容が含まれているのが特徴です。なお，第二次試験では，成績上位者から順に金（10 名程度）・銀（20 名程度）・銅（30 名程度）のメダリストが選出されますが，その際 50 点満点に換算した第一次試験の得点と 100 点満点の第二次試験の得点とを合算した点数に基づいて決定されます。そして，金メダリストに選ばれた者が第三次試験に進出することになります。ただし，iGeo の参加資格をふまえ，高校 3 年生は金メダリストに選出されても第三次試験への出場は不可となります。

　第三次試験は，受験生は試験の前日に指定された宿舎に集合し，ブリーフィングと呼ばれる事前指導にて，スタッフより地域観察や地図作成の方法についてレクチャーを受けます。翌日は宿舎からフィールドワーク対象地域へ移動し，「地図読解」「地図作成」「意思決定」の 3 種類の試験を受けます。ここでは，地域の現状を把握し，問題を発見するための「野外観察と地図化」に加え，地域の問題を解決し，社会のあり方を考えていくための「価値判断→意思決定→社会形成」の過程が重視されています。なお，第三次試験は，iGeo へ出場する日本代表の選考の場でもあります。選考に際し，フィールドワークの成績を最優先しつつ，第一次試験と第二次試験の総合成績や第二次試験と第三次試験の英文問題の解答状況も考慮に入れながら厳正な審査を行います。その結果，4 名の高校生を日本代表として選出することになります。

　日本代表に選出された 4 名の生徒たちは，3 月下旬に首都圏の大学で開催される日本地理学会春季学術大会に招待され，表彰式に臨みます。大勢の学会員が見守る中，表彰状とメダル，そして副賞が日本委員会委員長より授与され，その後一人ひとりが日本代表になった喜びと iGeo 出場にあたっての抱負について力強いメッセージを発します。

表1 iGeo2022 パリ大会に向けての強化研修日程

回	日程	テーマ・内容
1	4月24日(日)16:00～	1：PCの動作確認，使用方法の説明，ZOOM会議のやり方の説明 2：選手・スタッフの自己紹介 3：パリ大会について 4：今後の研修会の日程について 5：WRT（記述式試験）の課題について
2	5月8日(日)16:00～	1：第三次選抜試験の解答解説 　①MRT（地図読解テスト） 　②MMT（地図作成テスト） 　③DMT（意思決定テスト） 2：WRT対策
3	5月22日(日)16:00～	1：MMT（マルチメディア試験）対策 2：現地事情 　講演「グランパリ政策とパリオリンピック」（明治大学：荒又美陽先生）
4	6月5日(日)16:00～	テーマ：FWE（フィールドワークエクセサイズ）の意思決定テストのトレーニングを行う 　①対象地域に対してオンラインで観察を行い，資料をもとに自分のまちづくりプランを考える 　②自分のプランを発表し，他の参加者のプランとともに議論する 　③議論をもとに再度プランを考え，研修会後に計画図を作成し提出する
5	5月中旬～下旬	テーマ：大学教員とのフィールドワーク実習（日本代表各人の居住地に近い大学の教員が担当）
6	7月3日(日)14:00～17:00	テーマ：台湾チームとの交流会 　①台湾チームとの交流会を通じてプレゼンテーション能力の向上を図る 　②台湾チームとの交流を通じて両チームの友好を深める。

※新型コロナウイルス感染防止のため，フィールドワーク実習を除いてオンラインにて実施した。

（2）強化研修会に参加する

　代表に選ばれた選手たちは，表1に示す通り，世界大会（でのメダル獲得）に向けての強化研修会に参加します。強化研修で特に大切にしている点は，フィールドワークエクセサイズ（FWE）へ向けての地図の読解・作成技能を通じた対象地域への理解とそれをふまえた意思決定能力の向上が挙げられます。具体的には，対象地域に対する観察をもとにそこで抱えている社会的課題を認識し，持続可能性を意識したまちづくりプランを各自で立案し，出来上がった成果について根拠を示しながらプレゼンテーションを行います。ここでは，「試験ガイドライン」に記されている「地図」「探究」「グラフィカシー」の3つのスキルをフルに発揮することが求められており，日本の地理教育において近年重視されるようになった「コンピテンシーベースの学び」とも軌を一にしています。

（3）台湾との合同研修会

　2019年に香港で開催された第16回国際地理オリンピック大会（iGeo 2019）に向けて，台湾・台北をフィールドに2泊3日の事前海外強化研修を実施しました。台湾での強化研修の実施にあたっては，台湾師範大学の沈淑敏（SHEN, SU-MIN）副教授のリーダーシップのもと，台湾の国際地理オリンピック関係者による絶大なサポートを得て，台湾代表チームと合同で実施しました。これを皮切りに継続した交流の実施を目指していたものの，新型コロナウイルス感染症の影響で2021年以降はZOOMを用いてのオンライン交流会に切り替えて実施しています。

表 2　台湾との研修プログラム

日程	行程・内容
7 月 13 日（土）	関西国際空港，羽田空港から出発 台北桃園国際空港（TPE）到着　入境・通関，両替など 夕食，ふりかえり・宿泊
7 月 14 日（日）	台湾チームと合流・交流会　終了後，出発 **台北 101 展望台→台北探索館→国父記念館→松山文化創意園区** **→台北駅→北門→大稲埕（迪化街）→蘆洲** 台湾師範大学　ポスター発表交流　終了後，師大夜市散策 ふりかえり・宿泊
7 月 15 日（月・祝）	**桃園航空城顔景観見学（桃園エアトロポリス）** 台北桃園国際空港（TPE）出発，日本帰国

※下線部がフィールドワーク実施箇所。

①台湾での海外強化研修について

　初めての海外研修の実施にあたり，香港と同じ中華圏でこれまでの大会でも意気投合して共に戦うことが多かった台湾代表チームの協力を得ることができ，国際大会を意識した事前強化研修として実施することができました。2019 年は都市国家的性格の強い香港での大会の開催，そして事前に提示されたポスタープレゼンテーションのテーマが「Smart Cities and Sustainability」であることから，「都市」を軸にした研修プランを筆者が中心となって組み立てました（表 2）。

　用地転用で副都心が形成された「信義地区」，リノベーション・再開発の成功事例としての「松山文創園区」と「大稲埕（迪化街）」，古くからの向上密接地と高層マンションが近接する「蘆洲」，そしてスマートシティとして計画されている「桃園エアロトロポリス」といった様々なタイプの都市を回れるように設計しました。また，道中 2 カ所においてFWE を想定したフィールドワークを課しました。1 つ目は，日本統治時代からの一大問屋街をリノベーションして歴史とモダンが同居している「大稲埕（迪化街）」でのフィールドワークです。「大稲埕」は既存の歴史的建造物の外観を残したまま，内装や店舗をリノベーションして，問屋街に観光的要素をうまく取り入れた事例地域です。大会本番でのMMT を想定して，「指定地域の主題図を作成する際に，どのようなテーマを設定し，どのような地理情報を収集すべきか」というお題で 30 分間のミニフィールドワークを実施しました。選手は店舗の業種，店舗立面の様式などに着目して景観観察していました。

　2 つ目は「蘆洲」でのフィールドワークです。「蘆洲」は，淡水河の洪水に悩まされてきた低湿地帯で，小規模な製造業の工場が密集する地帯でした。主要道路沿い（MRT 蘆洲駅前）を中心に住宅地の再開発が行われており，2010 年に MRT 中和新蘆線が開通して以来しばらくは人口増加が続いたが，現在では人口増加も鈍化している。台北中心市街地から MRT で 20 〜 30 分の好立地にありながら，開発ブームもひと段落したのか，工場密集地と高層マンションが隣接または混在するという開発途上の風景が見られます。蘆洲駅の北側に広がる工場密集地と南側の新興住宅地を 90 分で回り，「この地域は今後どのようにしたら良いのか」を考察してもらいました。既存の工場を整理集約して跡地を用地転用する，中心市街地至近の立地を生かした新興住宅地として再開発する，産業構造の転

換に合わせて新たな工業地域として再生するなど，職住近接型の様々な方向性のアイデアが出てきました。

強化研修でのフィールドワークは，本大会の出題テーマと合致するものではありませんでしたが，フィールドワーク経験の少ない日本代表選手にとっては，地理的な視点で街を見る良い機会となったと思われます。また，事前海外研修のもう1つの目玉は，台湾チームとポス

写真1　ポスタープレゼンテーション交流

タープレゼンテーション交流です（写真1）。台本無しにスラスラと説明する台湾代表選手を見て，地理力とともに英語でのコミュニケーション能力も代表選手に必要な力であると痛感させられました。机上での学びをふまえて，フィールドから何を考えるか。その両者を鍛えて，地理的なセンスを磨くことが，代表選手たちに求められています。

②台湾代表チームとのオンライン交流会

2019年に初めて実施した海外での強化研修は，日台の代表チーム合同で今後も継続して実施していくことで合意しましたが，その後の新型コロナウイルス感染症の影響で海外渡航すらできない状況が続きました。本大会自体もオンライン開催（2021年イスタンブール，2022年パリ）になったことに合わせて，強化研修もオンラインで実施することになりました。オンライン交流会と形を変えて，ポスタープレゼンテーションをメインとした交流の機会として，本大会の1週間前の日程で実施しました（2021年8月4日，2022年7月3日）。2021年は緊急事態宣言下，2022年は1学期期末考査期間中ということで，全国に分散している選手・スタッフが一堂に会することは難しく，いずれの年も各自の自宅からの参加となりました。一方で台湾代表チームは直前合宿中に日本代表チームとの交流会が組み込まれており，拠点会場に集合しての参加でした。

2時間という限られた時間の中で，選手・スタッフ自己紹介，ポスタープレゼンテーションと質疑応答，フリーディスカッション，選手・スタッフのリフレクションコメントと交流に重きを置いた内容としました。ポスタープレゼンテーションでは，事前に本部に提出してある本番で用いるポスターを画面共有して4人の選手が交代しながらプレゼンテーションを進めました（図1）。日台双方の選手・スタッフから質問やアドバイスが出て，英語での回答にチャレンジするなど本番への良いシミュレーションの機会となりました。また，その後のフリーディスカッションでは，将来の夢を語り合ったり，地理オリンピック大会に向けてどのような対策をしているかについて，お互いに使用しているテキストを紹介しあったりするなど，オンラインながら有意義な交流の時間を持つことができました（図2）。

地理オリンピック大会の醍醐味は，地理を通した国際理解，国際交流の場が得られることです。コロナ禍で対面での実施が難しい状況が続いていましたが，オンラインという新

図1　オンラインプレゼンテーションの様子

図2　フリーディスカッションの様子

たな方法も加わりました。対面であろうとオンラインであろうと，事前の研修の場で交流を深め，友人を持ったうえで本番に臨めることは日本代表選手の大きな助けとなっています。国際大会の上位入賞の常連である台湾代表チームから私たちが学ぶべきことが多くあります。

3. 国際大会への参加

　国際大会への参加にあたっては，各国とも選手4名，チームリーダー2名での参加が原則となっています。成績については，3つの試験の総合得点の上位者から順に金・銀・銅のメダリストが1：2：3の割合で決定され，個人別順位が発表された後，参加各国4名の選手の総合得点を合算し，国別順位が発表されます。過去の大会における日本チームのメダル獲得状況については，巻末の参考資料をご覧ください。

　表3は2019年に開催されたiGeo香港大会のプログラムを示しています。これを見ると，国際大会では各種試験とポスターセッションが実施されるだけでなく，エクスカーションと呼ばれる遠足や文化交流などのイベントが用意されていることがわかります。iGeoの目的が「地理力」を競うことにとどまらない開催国や開催都市への理解と国際交流の推進にあることがここから理解できるでしょう。

　なお，コロナ禍でオンライン開催となった2021年のイスタンブール大会，2022年のパリ大会においては，通常とやや異なるプログラムであったものの，iGeoの目的そのものは通常時の大会と何ら変わることはありません。2023年に開催予定のバンドン大会では，対面実施が復活の見込みで，各国の選手やチームリーダーが一堂に会し，ダイレクトな多文化交流が活発となることが期待されています。

表3　第16回国際地理オリンピック香港大会プログラム（2019年）

日程	内容
7月30日(火)	受付（日本チームは受付終了後現地研修会実施）
7月31日(水)	開会式，記述式テスト（WRT），フィールドワークエクセサイズ（FWE）のイントロダクション
8月1日（木）	フィールドワークエクセサイズ(FWE)→【台風ウィパー襲来のためすべて8月1日に順延】，香港に関する映画鑑賞，講義，文化交流，ポスタープレゼンテーション
8月2日(金)	ポスタープレゼンテーション，半日エクスカーション（ビクトリアハーバー，香港中心街）→【8月1日台風のためスケジュール変更，半日エクスカーションは香港中心部に行くため中止】
8月3日(土)	マルチメディアテスト（MMT），選手同士の文化交流会
8月4日(日)	エクスカーション（ユネスコ認定ジオパーク香港地質公園：荔枝窩（lai chi wo）周辺）
8月5日(月)	イベント（Mapathon：web上の地図に地理情報を付加するための地図コンテスト）→【午前～昼に実施予定だったが，デモの影響（？）で中止】，閉会式（夕方に予定していたが，午前に繰り上げ），各国帰国

注）日本チームは，7月29日（月）に日本を発ち，同日夜に現地に前泊した。また，閉会式後は現地に後泊し，翌日8月6日（火）の早朝に現地を出発，夕方に帰国した。また日本チームは，帰国後直ちに文部科学省を表敬訪問し，大会参加報告を行った。表敬訪問については，同省からの後援を得た2010年以降ほぼ毎年恒例となっている。

参考資料

ガイドライン・開催記録

【国際地理オリンピック各種試験のガイドライン】

　以下に示すガイドラインは，国際地理オリンピック運営者，各国のチームリーダーと参加選手が，オリンピック本番に向けて適切に準備し，臨むことができるように制定されたものである。

○記述式試験とマルチメディア試験の設問は，以下の 12 のテーマから選定される。

　1. 気候と気候変動

　2. 災害と災害管理

　3. 資源と資源管理

　4. 環境地理と持続可能な開発

　5. 地形，景観と土地利用

　6. 農業地理と食料問題

　7. 人口と人口変動

　8. 経済地理とグローバル化

　9. 開発地理と空間的不平等

　10. 都市地理，都市再開発と都市計画

　11. 観光と観光管理

　12. 文化地理と地域アイデンティティ

○求められるスキルは，以下の 3 つである。

　13. 地図スキル

　14. 探究スキル

　15. グラフィカシースキル（映像，写真，統計，グラフを読み，分析し，解釈するスキル）

　試験の過去問は，年度ごとに整理され，国際地理オリンピックのウェブサイト上（http://www.geoolympiad.org/fass/geoolympiad/previous.shtml）に公開されている。

○記述式試験

・ 6 つの論題で構成されており，各論題は約 20 〜 25 分の解答時間を見込み，地理的・社会的に重要な課題を取り上げている。解答に際しては，その論題についての基礎的かつ応用的な地理的知識・技能が要求される。なお，各論題は，自然地理と人文地理の各分野から出題されるが，両者を統合した内容も出題の対象となる。

・各論題は，地図や写真，グラフや統計など複数の資料を伴っている。

・各論題は，複数の設問で構成されている。それらの設問は，短文を記述させるものもあれば，パラグラフを伴った長文を記述させるものもある。また，マトリクスや表を完成させるものや，表をグラフに変換するといったデータ操作を伴うものもある。

・試験に出題される 6 つの論題は，タスクフォースが上記の 12 のテーマから選択する。

・試験の出題分野については，自然地理と人文地理とのバランスをとっている。

　我々は，参加選手が問題を解答するにあたって，出題テーマに関わる地理的知識のみを
テストすることは意図していない。むしろ，参加選手たち自身が持っている知識を，具体
的な地域の現状に当てはめたり，様々な地理的スキルを活用したりすることを試験の主眼
としている。なお，具体的な地域の現状については，地図や図解，グラフで提示される。

○マルチメディア試験

・40問で構成されており，1問を1，2分で解答する。各問いは，地理的・社会的に重要
　な課題を取り上げており，解答に際しては，基礎的かつ応用的な地理的知識・技能が
　要求される。なお，各テーマは，自然地理と人文地理の各分野から出題されるが，両
　者の統合性を意識した内容も出題の対象となる。
・各問いは，地図やデジタル写真，グラフ，そして短い質問文から構成されている。
・各問いには4つの選択肢が設定されている。
・試験の出題内容は，上記の12のテーマすべてをカバーしている。
・試験の出題分野については，自然地理と人文地理とのバランスをとっている。

　我々は，参加選手が地図や図解，写真などに記載されている情報を分析できるような基
本的な地理的思考力を試す問題を求めている。いわば，事実を再確認するような能力を試
す問題ではなく，地理的な分析のためのスキルがどの程度身についたのかを確認できるよ
うな試験問題が望ましいと考えている。スキルを強調するもう1つの理由として，国際地
理オリンピック参加各国の地理カリキュラムの内容は，国によってかなり異なっており，
試験で個別的な知識を出題するよりも，各国のカリキュラムの中核となるスキルを重視し
た出題がより適切であると考えるからである。

　実施にあたっては，1人1台のコンピューターを与え，それをベースに行うことが望ましい。
なぜなら，参加選手が60分の制限時間の中で，自分で時間を管理しながら問題を解くこと
が可能であるからだ。それが難しい場合は，全選手に質問文のコピーを与えるとともに，プ
ロジェクターを用いて問題を大きなスクリーンに投影していく方法をとることで対応したい。

○フィールドワークエクセサイズ

　以下の3つの段階から構成されている。
　1. 観察と地図化
　2. フィールドワーク対象地域における関連データの収集と課題の空間的分析
　3. 課題解決とそれを踏まえた空間的な計画や地図を含めた地域政策プランの作成
・ステップ1
　フィールドワーク対象地域の地図化作業：以下の5つのスキルが求められる。
　1. 観察する
　2. 観察した現象に名前を付ける
　3. 観察した現象を地図に位置づける
　4. 観察した現象をあらわすのにふさわしい記号を用いる
　5. 縮尺と方位が備わった地図の凡例に，観察した現象を記す

　参加選手は，ベースマップを与えられ，それに適切な地図スキルを用いて情報を書き込むよう求められる。

・ステップ2

　フィールドワーク対象地域で生じている実際のあるいは仮説的な課題が，参加選手に提示される。その事例は自然的かつ環境的な計画に関わっている。参加選手は，それを受けて，地域の現状や課題について諸資料等で確認した上で解決策と地域政策プランの策定へ向けての手順を示していく。対象地域における課題の提示は，プレゼンテーション，ワークショップ，エクスカーション，フィールドワーク対象地域でのデータ収集など様々な方法を用いてなされる。

・ステップ3

　地図化作業とベースマップに書き込まれたすべての情報を分析した上で，参加選手は対象地域が抱えている課題への解決策を踏まえた地域政策プランを策定し，そのプランを採用した根拠について説明を行う必要がある。説明にあたっては，参加選手が課題の本質を理解し，対象地域の特性を考慮に入れることが前提となる。また，説明に際し，それを長い文章で示すよりも，図解や写真，グラフや統計などのグラフィックなものを用いることが望まれる。プランを記した地図は必ず提示しなければならないが，それ以外の情報の提示は参加選手たちに任される。

・提出を要する最終的な成果物の評価基準は，前もって参加選手に説明される。

・以下の成果物で評価される。

1. フィールドワーク対象地域における地図化作業の結果

2. 課題解決作業の結果（課題の本質についての簡潔な分析，政策提言の目的，解決策を地図や平面図で示す視覚化，提案したプランの説明と根拠を含む）

・求められるスキルは以下の3つである。

1. 地図化スキル（地図を読み，分析し，解釈し，作成するスキル）

2. 探究スキルと課題解決スキル

3. グラフィカシースキル（映像，写真，統計，グラフを読み，分析し，解釈し，作成するスキル）

【国際地理オリンピック参加選手のための地図作成ガイドライン】

　以下に示すガイドラインは，国際地理学連合の後援で実施されている国際地理オリンピック（以下 iGeo）における地図スキルについて示したものである。本ガイドラインは，ごく一般的なものであり，地図スキルに関する唯一の情報源とみなさないよう注意する必要がある。また，本ガイドラインは，次の2つの文献から引用されたものである。

・Cartography: An Introduction（CAI）
・Diercke International Atlas（DIA）

　一方で，選手たちはチームリーダーがすでに持っている教科書や地図帳の入門資料といった本の中で説明されている地図に関するトピックをチェックできるかもしれない。個人，チームリーダー，代表チームが引用元の情報源にアクセスしたい場合は，本ガイドラインの参考文献において発注情報が記載されている。CAI は，英語で書かれたテーマ的で，ポケットサイズの本である。

○地図の種類と地図座標

　主要な地図の種類について理解する必要がある。それとともに，地形図，主題図，航空写真や衛星画像をベースにしたアナログマップ，そしてカルトグラムといった様々な種類の地図を見分けることができるようになる必要がある。地図は球体である地表面の一部を切り取って二次元の空間に表現したもので，そこでは何らかの図法が用いられている。もちろん，図法そのものは iGeo の試験で取り上げられることはないが，地図座標と座標参照系の原理については理解しておく必要がある。

○地図の構成要素

　地図は点，線，領域という各種構成要素を用いて地理的事象の空間的分布とその特徴を表したものである。点，線，領域は，地図の読み手に親しみやすい記号として示されることが多い。例えば，点であれば人口数，線であれば河川や境界線，領域であれば原生林の範囲などを具体例として挙げることができる。

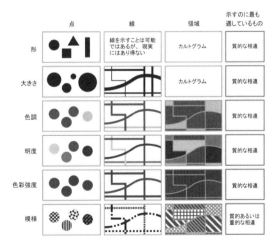

図1　地図記号のさまざまなバリエーション

（Jacques Bertin (1967) Semiologie Graphique より引用）

○地図記号

　すべての地図記号は，凡例として説明されなければならない（図1）。この図は，点，線，領域で示される地図記号について，その形，大きさ，色調，明度，色彩強度，模様を，さまざまなバリエーションで示したものである。

○地図の彩色

地図作成上の彩色については一定の約束事が存在する。例えば，水は一般的に青色を使用するし，植生帯は緑色を使用することが多い。建築物の密集している都市域ではピンク色や茶色，灰色を使用することが多い。また，ブロック図では，自然地理の地図にありがちな海抜高度の変化に応じて彩色が変化していくことが理解できる。

地図化の際，自身が特定したエリアを彩色するため，数色の色鉛筆を持っていると役に立つ。地図上で場所を問わず多数示されるデータポイント（点）は，一般的に黒色を使用する。交通路線はしばしば赤色，灰色，黒色を使用する。地図化にあたって最も考慮に入れるべき点として，地図記号のサイズ（視覚的な強弱の度合い）を挙げておきたい。交通量がとりわけ多いところでは，それが自然と際立って示される。このように，彩色は地図作業では重要な要素であるため，数色の色鉛筆は必携である。

○地図に記載する位置情報

地図作成にあたっての重要な特徴についての位置情報について，地図上の空いたスペースに文字で記すことが求められる。その際，適切なフォントのサイズを使用し，黒色ではっきりと記す必要がある。すなわち，自身の描いた地図に注釈をつけることが求められる。例えば地理的特色の分布を地図上の適切な箇所に書き記していくのである。例えば，「手足口病の二次感染の大部分は，発生源をこの位置に特定できる」「これらのルートが市場への主要なアクセス方法である」「複合型の噴気孔の位置」などが挙げられる。もちろん，情報をすべて地図上に書き留める必要はない。どこか適切なスペース（空いているところ）に書きあらわしてもよい。

地図化するべき特徴を選択し，一般化することは重要である。地図上に情報が詳細に記載されると，要点がぼけてしまう。また，地図をデザインするにあたっては，タイトル，凡例，縮尺を，バランスを考えて適切に配置する必要がある。地図に重要な部分をはっきりと図化し，空白の地域を残さないように，バランスをとってデザインする必要がある。

○地図の凡例

地図の凡例はレジェンド（legend）と呼ばれることがある。凡例は地図に表されるすべての記号を含み，それら記号は他と区別するために複数のカテゴリーによって分類されるべきである。地図作成にあたって，記述的な凡例を記載することが求められる場合がある。すなわち，このことは，凡例の記号名を付すだけでなく，その空間的分布の特徴を文で表すことを意味する。

○地図の縮尺

縮尺は地図の重要な概念の1つであり，狭い領域を表す1,000分の1から1万分の1の地図，5万分の1地形図，国家レベルの領域を表す600万分の1の地図まで様々である。縮尺の割合を示すスケールバーはしばしば生徒用の地図に用いられる。見取図では，「おおよそ1：5000」というような形で縮尺が表現される。

○地図の約束事

　地図作成にあたって，約束事に従うこと。以下に示す項目は地図作成にあたって考慮に入れる必要がある。

・タイトル：明確に記されていること。
・凡例：地図上のすべての地図記号が示され，その意味が説明されていること。
・方位：北を示す矢印等。地図の上が北でない場合，北の方位を示す必要があること。
・出典の確認：とりわけデータ収集の日付の記載は重要である。
・縮尺：スケールバーを参照のこと。
・必要に応じて縁取りないしは枠組みを付ける。
・注釈：必要に応じて説明文を付ける。

○マップテンプレート

　GIS ソフトであるマップテンプレートは，地図化を求められた地域に関わる情報を提供してくれることがある。一般的に，マップテンプレートは，その地域の重要な特徴のみを示している。

○地図の補足

　地図は様々な地理的な図解によって補足される。ブロック図，断面図，円グラフ，棒グラフ，柱状グラフ，折れ線グラフ，人口ピラミッドなどに精通しておく必要がある。

【参考文献】
・Darkes, G and Spence, S.（2008）Cartography: An Introduction. The British Cartographical Society, London.（ISBN 978-0-904482-23-2）
　このテキストは，次のサイトから注文することができる。
　https://www.cartography.org.uk/publications
・Michael, T.（2010）Diercke international atlas : geography, history, economics, politics, sciences; for use in bilingual classes and in English lessons. Westermann, Germany.（ISBN 978-3-14-100790-9）
　このテキストは，次のサイトから注文することができる。
　http://www.diercke.com/contact.xtp
　テキストについての問い合わせは，以下のメールアドレスに送信すること。
　olp@schulbuchzentrum-online.de
　（訳者注：上記ウェブサイトは 2022 年 11 月 29 日に確認した。）

【日本代表の記録】

国際大会の開催記録

開催年	回	開催都市	国・地域	参加国・地域数	日本の参加	獲得メダル等				備考
						金	銀	銅	ポスター	
1996	1	ハーグ	オランダ	5						
1998	2	リスボン	ポルトガル	5						
2000	3	ソウル	韓国	13	○					組織的な参加ではない
2002	4	ダーバン	南アフリカ	12						
2004	5	グダニスク	ポーランド	16						
2006	6	ブリスベン	オーストリア	23						
2007	1	新竹	台湾	4	○		1	1		アジア太平洋大会
2008	7	カルタゴ	チュニジア	24	○	1				
2009	2	つくば	日本	4	○	1		1		アジア太平洋大会
2010	8	台北	台湾	27	○			1		IGU 大会はイスラエル開催
2011	3	メリダ	メキシコ	4	○					アジア太平洋大会
2012	9	ケルン	ドイツ	32	○			1		
2013	10	京都	日本	32	○		1	1		
2014	11	クラクフ	ポーランド	36	○		1			
2015	12	トヴェリ	ロシア	40	○		3	1		
2016	13	北京	中国	45	○		2	1	3位	
2017	14	ベオグラード	セルビア	41	○		1	1	1位	
2018	15	ケベック	カナダ	43	○					
2019	16	香港	香港	43	○			1		
2020		中止								コロナ禍のため
2021	17	イスタンブール	トルコ	46	○	2	1	1		オンライン
2022	18	パリ	フランス	54	○		1	2		オンライン
2023	19	バンドン	インドネシア	45	○		1	2		対面実施再開

国内大会の開催記録

年	応募者	受験者	備考
2007	15	12	2会場（東京・大阪）で実施
2008	121	111	6会場で実施
2009	210	192	10会場で実施
2010	278	260	13会場で実施
2011	508	448	第一次試験：13会場＋特例会場 2段階選抜開始 第二次試験：9会場設置，東日本大震災のため東京・仙台会場中止
2012	627	571	第一次試験：15会場＋特例会場 以降の大会では，第二次試験は受験者の居住地を勘案して会場を設置
2013	867	782	以降，第一次試験・第二次試験の会場は前年を踏襲
2014	1100	1013	3段階選抜開始 第三次試験はフィールドワーク試験（神奈川県鎌倉市）
2015	1511	1337	第三次試験（滋賀県草津市）
2016	1561	1309	第三次試験（千葉県松戸市）
2017	1207	1071	第三次試験（東京都新宿区）
2018	1622	1431	第三次試験（神戸市中央区）
2019	1450	1326	第三次試験（千葉県浦安市）
2020	1440	1265	コロナ禍のため，第三次試験中止
2021	1279	1114	コロナ禍のためオンライン実施（臨時的措置），第三次試験（ヴァーチャル・横浜市）
2022	1453	1222	第一次試験はオンライン方式に移行 第二次試験はオンライン実施，第三次試験（ヴァーチャル・大阪市）
2023	1231	1030	第二次試験および第三次試験は対面実施に，第三次試験（東京都江東区）

国際地理オリンピック日本委員会　実行委員会

〒 113-0032　東京都文京区弥生 2-4-16　学会センタービル内

公益社団法人日本地理学会事務局気付　国際地理オリンピック日本委員会実行委員会事務局

Email : geolympiad@ajg.or.jp

実行委員会委員長　　井田仁康

事務局長　　滝沢由美子

編集・執筆者一覧（◎：編集委員長　○：編集委員）

◎秋本弘章	（獨協大学）	（第 2 章・第一次試験，第 3 章・MMT）
○浅川俊夫	（東北福祉大学）	（第 2 章・第三次試験）
新井教之	（京都教育大学附属高等学校）	（第 2 章・第三次試験）
○荒井正剛	（東京学芸大学）	（第 2 章・第二次試験）
○泉　貴久	（専修大学松戸高等学校）	（第 1 章，第 4 章，参考資料）
○井田仁康	（筑波大学）	（第 1 章）
井上明日香	（神奈川県立希望ヶ丘高等学校）	（第 1 章，第 4 章）
○大谷誠一	（平塚市立山城中学校）	（第 2 章・第三次試験，第 3 章）
香川貴志	（京都教育大学）	（第 2 章・第三次試験）
小河泰貴	（岡山県立岡山朝日高等学校）	（第 3 章・ポスタープレゼンテーション）
小橋拓司	（元：兵庫県立加古川東高等学校）	（第 2 章・コラム）
今野亮祐	（筑波大学附属坂戸高等学校）	（第 4 章）
斎藤亮次	（公文国際学園中等部・高等部）	（第 2 章・コラム）
阪上弘彬	（千葉大学）	（第 4 章，参考資料）
佐々木智章	（早稲田大学高等学院）	（第 2 章・第二次試験）
清水大介	（東京都立八王子東高等学校）	（第 2 章・第二次試験）
鈴木　允	（横浜国立大学）	（第 2 章・第一次試験）
中村光貴	（筑波大学附属高等学校）	（第 3 章・FWT）
中村洋介	（公文国際学園中等部・高等部）	（第 2 章・第二次試験）
林　靖子	（獨協埼玉中学高等学校）	（第 1 章・コラム，第 3 章・FWT）
松本穂高	（茨城県立竹園高等学校）	（第 2 章・第一次試験）
松本至巨	（東京学芸大学附属高等学校）	（第 2 章・第一次試験）
山本隆太	（静岡大学）	（第 3 章・WRT）
Parkner, Thomas.	（筑波大学）	（第 3 章・WRT，英文校閲）

書　名	**地理オリンピックへの招待　第 2 版 −公式ガイドブック・問題集−**
コード	ISBN978-4-7722-5349-9　C1025
発行日	2018（平成 30）年 8 月 30 日　初版第 1 刷発行
	2023（令和 5）年 9 月 20 日　　第 2 版第 1 刷発行
編　者	**国際地理オリンピック日本委員会実行委員会**
	Copyright　©2023 Executive Committee of Japan Committee for International Geography Olympiad
発行者	**株式会社 古今書院 橋本寿資**
印刷所	**株式会社 太平印刷社**
発行所	**株式会社 古今書院**
	〒 113-0021　東京都文京区本駒込 5-16-3
電　話	03-5834-2874
F A X	03-5834-2875
U R L	http://www.kokon.co.jp/
	検印省略・Printed in Japan